T0197065

essentials

essentials liefern aktuelles Wissen in konzentrierter Form. Die Essenz dessen, worauf es als „State-of-the-Art" in der gegenwärtigen Fachdiskussion oder in der Praxis ankommt. *essentials* informieren schnell, unkompliziert und verständlich

- als Einführung in ein aktuelles Thema aus Ihrem Fachgebiet
- als Einstieg in ein für Sie noch unbekanntes Themenfeld
- als Einblick, um zum Thema mitreden zu können

Die Bücher in elektronischer und gedruckter Form bringen das Fachwissen von Springerautor*innen kompakt zur Darstellung. Sie sind besonders für die Nutzung als eBook auf Tablet-PCs, eBook-Readern und Smartphones geeignet. *essentials* sind Wissensbausteine aus den Wirtschafts-, Sozial- und Geisteswissenschaften, aus Technik und Naturwissenschaften sowie aus Medizin, Psychologie und Gesundheitsberufen. Von renommierten Autor*innen aller Springer-Verlagsmarken.

Runa Strott

Einführung in die Mediaplanung

Grundlagen für klassische und digitale Kanäle

 Springer Gabler

Runa Strott
Schlüchtern, Deutschland

ISSN 2197-6708   ISSN 2197-6716   (electronic)
essentials
ISBN 978-3-658-37752-6   ISBN 978-3-658-37753-3   (eBook)
https://doi.org/10.1007/978-3-658-37753-3

Die Deutsche Nationalbibliothek verzeichnet diese Publikation in der Deutschen Nationalbiblio-
grafie; detaillierte bibliografische Daten sind im Internet über http://dnb.d-nb.de abrufbar.

Planung/Lektorat: Imke Sander
Springer Gabler ist ein Imprint der eingetragenen Gesellschaft Springer Fachmedien Wiesbaden
GmbH und ist ein Teil von Springer Nature.
Die Anschrift der Gesellschaft ist: Abraham-Lincoln-Str. 46, 65189 Wiesbaden, Germany

Was Sie in diesem *essential* finden können

- Die Grundlagen der Mediaplanung auf Basis der Abgrenzung von Kreation und Mediaplanung und der Darstellung der verschiedenen Mediengattungen.
- Einen Vergleich der klassischen und digitalen Mediaplanung unter Berücksichtigung der wichtigsten Parameter.
- Verschiedene Exkurse in medientechnisch relevante Themengebiete der aktuellen Zeit.
- Eine kompakte Lektüre zur Überführung klassischer und digitaler Medien in einen erfolgreichen Mediaplan.

Geleitwort

Adressable TV, die Kooperation zwischen dem Versicherungsmanagementsystem „Clark" und dem Online-Händler Amazon oder auch Wahlkampfwerbung auf Facebook – drei Beispiele für die neue Medienwelt und die damit verbundenen Möglichkeiten, als Anbieter einer Ware oder einer Dienstleistung an mögliche Kundinnen und Kunden heranzutreten und von der Vorteilhaftigkeit des eigenen Angebots zu überzeugen, durch kontextuell gesteuerte Werbeimpulse und noch einiges mehr.

Wer die Grundsätze der Mediaplanung kennengelernt hat, die auf der Auswahl von Massenmedien aufbaut (siehe hierzu beispielhaft Unger et al. 2013, S. 68 ff.), wird im Angesicht der neuen Möglichkeiten staunen und sich freuen – sie erlauben eine nach Interessen und Verhaltensweisen justierte Ansprache und ein genaues Werbe-Controlling, da Reaktionen rasch messbar werden. Streuverluste durch den Einsatz klassischer Massenmedien lassen sich auf den ersten Blick gut minimieren. Die nach ZAW-Angaben ca. 23,5 Mrd. € umfassenden Werbeetats im Deutschland des Jahres 2020 haben sich deutlich in Richtung dieser individualisierbaren Mediengattungen verschoben (Vgl. ZAW 2021), wenn man dies mit den Zahlen vor 15 Jahren vergleicht (Vgl. Hillebrecht 2015, S. 163; Vaunet 2011).

Nun werden nicht alle klassischen Vorgehensweisen obsolet. Auch im Zeitalter von Social Media haben klassische Medien wie Zeitschriften, lineares Fernsehen oder Rundfunk immer noch einen wichtigen Platz, den es zu berücksichtigen gilt. Und auch mit individualisierbarer Werbung via Instagram, Xing, TikTok oder Pinterest wird man nicht jeden Kunden, jede Kundin gleich zum Kauf bewegen. Auch hier warten Streuverluste (siehe vertiefend Hildebrandt 2016), auch hier wird die jedem bekannte Werbeweisheit Nr. 3 von Henry Ford („Die

Hälfte meines Werbeetats ist vergebens…") bestätigt. Aber man kann dies leichter nachvollziehen und entsprechend berücksichtigen in der Klassifikation der Zielpersonen und der entsprechenden Ausspielung geeigneter Werbemittel. Damit erhöht sich Komplexität der Zielgruppenansprache enorm, denn das Zusammenwirken der einzelnen Kanäle oder auch die gezielte Auswahl einzelner Wege erfordert ein vertieftes Verständnis, wann welche Instrumente die Werbebotschaft unter das zahlungs- und kaufwillige Volk bringen und zum gewünschten Ergebnis führen können. Die Anforderungen an die Mediaplanung ändern sich entsprechend. Klassische Modelle wie die Werbekaskade finden kaum noch Anwendung, neue Ansätze müssen gewählt werden, die Runa Strott in diesem Buch beispielgebend und prägnant vorstellt. Ihr gelingt es, das Verständnis und die Anforderungen der traditionellen Mediaplanung mit den neuen Aufgaben und Möglichkeiten hochgradig individualisierbarer, interessengetriebener Medienangebote zu verbinden. Das Werk wird daher rasch seinen Platz unter anderem in der akademischen Lehre finden. Und besonders stolz macht es meinen Kollegen Karsten Kilian und mich natürlich, dass die Autorin eine Absolventin der Würzburger Medienausbildung ist.

Prof. Dr. Steffen Hillebrecht

FHWS Würzburg-Schweinfurt,

Professur für Medien- und

Projektmanagement

Literatur

Hildebrandt, Tilo (2016): Web-Business – Controlling und Optimierung, Gernsbach: dbv 2016.

Hillebrecht, Steffen (2015): Marketing für Presseverlage, 3. Aufl., Münster/Westf.: LIT 2015.

Unger, Fritz u. a. (2013): Mediaplanung, 3. Aufl., Wiesbaden: Springer Gabler 2013.

Vaunet (2011): Werbestatistik 2010, Beitrag vom 19.05.2011 unter https://www.vau.net/wer beumsaetze/content/werbestatistik-2010, aufgerufen am 26.10.2021.

ZAW (2021): Netto-Werbeeinnahmen der Medien 2020, Beitrag o. D. unter https://zaw.de/ branchendaten/netto-werbeeinnahmen-der-medien/, aufgerufen am 23.10.2021.

Vorwort

„Nichts ist so beständig wie der Wandel."
(Heraklit)

Die Digitalisierung macht auch vor der Medienwelt keinen Halt – im positiven Sinn. Denn dieser Aspekt stellt nicht nur die Unternehmen vor Herausforderungen, sondern auch die Mediaplanung selbst. Dass Herausforderungen in vielen Fällen schwierig und anstrengend sein können, ist mir als Medienschaffende aber auch als ehemalige Studentin, als Tochter, Schwester und Freundin bewusst. Doch Herausforderungen geben einem auch die Möglichkeit, sich selbst zu verändern. Dieser Aspekt war schon zu Zeiten von Heraklit positiv behaftet und soll es auch in Zukunft sein. Daher müssen Unternehmen bei der Mediaplanung verschiedene Zielgruppen ansprechen können, die Medienvielfalt crossmedial miteinander verbinden, die stetigen Veränderungen des Marktes annehmen und in positive Energie verwandeln.

Dieses *essential* hilft Unternehmen dabei, sowohl klassische als auch digitale Medien in einen erfolgreichen Mediaplan überführen zu können. Zudem gibt es Studierenden die Möglichkeit, anhand eines Leitfadens das „wirkliche" Leben der Medienwelt kennenzulernen und einen einfacheren Einstieg zu finden. Das Buch beleuchtet sowohl die klassische als auch digitale Mediaplanung und zeigt auf, wie Budget, Ziele und Zielgruppe definiert werden, und welche Unterschiede zwischen klassisch und digital vorherrschen.

Denn eins ist klar: Die Digitalisierung schreitet verstärkt voran. Budgets werden neu justiert und die Mediaplanung wird komplexer. Die einzelnen Kanäle müssen verzahnt werden. Der Wandel ist nicht aufhaltbar – und das ist gut so. Denn diese Beständigkeit des Wandels gibt der Medienwelt das Besondere, um auch in Zukunft Menschen zu begeistern, zu irritieren und zu verführen. Nehmen Sie den Wandel an und begegnen Sie den Herausforderungen mit Mut, Verstand und Kreativität.

Für dieses *essential* bringe ich meine Erfahrungen in der Praxis als auch der Studienzeit in Berlin und Würzburg ein. Besonderer Dank gilt Prof. Dr. Steffen Hillebrecht und Prof. Dr. Karsten Kilian, die mich in verschiedenen Thematiken im Bereich des Marketings gelehrt haben und auch nach dem Studium bei allen Vorhaben unterstützen.

Aus Gründen der leichteren Lesbarkeit wird in der vorliegenden Arbeit die männliche Sprachform bei personenbezogenen Substantiven und Pronomen verwendet. Dies impliziert jedoch keine Benachteiligung anderer Geschlechter, sondern soll im Sinne der sprachlichen Vereinfachung als geschlechtsneutral zu verstehen sein.

im Januar 2022   Runa Strott

Inhaltsverzeichnis

Grundlagen der Mediaplanung

1

Was Sie aus diesem Kapitel mitnehmen

- *Was unter dem Begriff Mediaplanung zu verstehen ist.*
- *Was das Wirtschaftlichkeitsprinzip ist und wie dieses umgesetzt wird.*
- *Wie Mediaplanung von Kreation abgegrenzt wird.*
- *Wie Medien kategorisiert werden können.*

„Marketing war mal ein Mythos, den es zu erzählen galt. Nun geht es darum, die Wahrheit zu erzählen und sie zu teilen." (Marc Mathieu)

Mediaplanung wird im Marketing-Prozess für viele am Ende stehen und damit oft genug übersehen, als Teilbereich der Kommunikationspolitik (siehe z. B. Homburg 2020, S. 781 ff.). Dennoch oder gerade deswegen kommt ihr eine entscheidende Bedeutung zu: Wenn der Marketer nicht in der Lage ist, seine Botschaft an die Zielgruppe zu bringen, werden die noch so sorgfältig gestalteten Produkte nicht verkauft und die klug durchdachten Erlöse nicht erzielt werden. Es geht bei der Mediaplanung immer um Geld, um viel Geld. Betrachten wir die Mediaplanung als unveräußerlichen Bestandteil der Marketingarbeit, wie sie auch in der Definition der American Marketing Association (AMA) enthalten ist: „[…] the activity, set of institutions, and processes for creating, communicating, delivering and exchanging offerings that have value for customers, clients, partners and the society at large"(American Association of Marketing 2017).

© Der/die Autor(en), exklusiv lizenziert an Springer Fachmedien Wiesbaden GmbH, ein Teil von Springer Nature 2022
R. Strott, *Einführung in die Mediaplanung*, essentials,
https://doi.org/10.1007/978-3-658-37753-3_1

Um nun alle auf den Absatzmarkt ausgerichteten Unternehmensaktivitäten bestmöglich zu planen, zu koordinieren und zu kontrollieren, folgt das Marketinghandeln einem Prozess: Am Anfang des Prozesses steht die externe Informationsgewinnung über die zukünftigen Kunden, Wettbewerber und die aktuelle Marktsituation sowie die interne Informationsgewinnung über die Unternehmenssituation. Im Anschluss an die Analyse werden die Ziele und die Strategie festgelegt. Die Umsetzung und das Controlling komplettieren den Prozess. Auf einen essenziellen Teil der Umsetzung legt dieses Werk sein Augenmerk: die Mediaplanung (Vgl. Fröhlich et al. 2018, S. 14).

Auf dieser Basis kann die Mediaplanung ein solides Konzept entwickeln. Und betrachten wir die Arbeitsteilung zwischen der Werbung, der kreativen Gestaltung der Kommunikationspolitik einerseits, der Mediaplanung als Umsetzung der Kommunikation andererseits. Die Hauptaufgabe der Mediaplanung besteht darin, die gewünschte Werbebotschaft einer Marke über die passenden Medien zur Zielgruppe zu kommunizieren (Vgl. Hofsäss und Engel 2003, S. 154). Das Ziel der Mediaplanung hingegen besteht darin, das Werbebudget so einzusetzen, dass die Möglichkeiten effizient ausgeschöpft werden. Das bereits genannte Werbebudget muss nach dem zur Verfügung stehenden Gesamtbudget definiert werden, um die eigenen Ziele der Kommunikation zu erreichen. (Vgl. Unger et al. 2013, S. 1 ff.).

Das Wirtschaftlichkeitsprinzip findet auch in der Mediaplanung Anwendung: Der Werbende hat ein bestimmtes Kommunikationsziel. Die Bestimmung der Werbewege und Werbemittel, um dieses Kommunikationsziel kostengünstig zu erreichen, entspricht dem Minimalprinzip. Das Maximalziel hingegen definiert sich durch den Aspekt, dass der Kunde ein bestimmtes Werbebudget hat und damit das Maximum an Kommunikationswirkung gegenüber der Zielgruppe erreichen möchte. Die Mediaplanung nimmt die Funktion des Beraters der zuvor genannten kreativen Gestaltung der Kommunikationspolitik, der Werbung, zur Bestimmung des optimalen Werbeweges (Wege, Mittel, aber nicht unbedingt Werbeinhalte) ein. Dies kann sowohl über eine externe Agentur, eine interne Mediaplanungsabteilung oder einen Partnerbetrieb erfolgen.

In diesem Zusammenhang wurde bereits der Begriff der Zielgruppe verwendet. Ich sehe eine Zielgruppe als eine in sich homogene Personengruppe an, die anhand messbarer Variablen aller Art (soziodemografische Variablen wie Alter, Geschlecht, Einkommen, Wohnort, Bildungsstand; psychografische Variablen wie Einstellungen und Vorlieben) gut abgrenzbar gegenüber anderen Personengruppen ist (Vgl. Heun 2017, S. 31 ff.). Dieser Punkt wird in einem der nächsten Abschnitte nochmals aufgegriffen. Für diese Zielgruppe werden bestimmte Produktleistungen (Sach- und Dienstleistungsgüter aller Art in beliebigen Kombinationen) entwickelt und mithilfe von Werbekreation und

Mediaplanung nähergebracht. Die beiden Begrifflichkeiten werden im folgenden Abschnitt voneinander abgegrenzt.

1.1　Die Abgrenzung von Kreation und Mediaplanung

Während im kreativen Bereich vor allem die Erstellung der Werbestrategie und der Werbeinhalte im Vordergrund steht, lösen Experten im Bereich der Mediaplanung die Aufgabe, wie die Werbebotschaft in die Zielgruppe gelangen kann, also geeignete Medien- bzw. Werbewege zu definieren sind (Vgl. Barth 2018, S. 44 ff.). Die Kreation sieht folglich bestimmte Sachgüter bzw. Dienstleistungen und entwirft hierfür eine Geschichte, die erzählt wird, damit die Zielgruppe den Eindruck gewinnt, dass hier ein interessantes Angebot vorliegt. In der Mediaplanung geht es hingegen darum, die Transportwege auszuwählen, entsprechend der Werbeziele und des vorhandenen Budgets, und hinsichtlich ihrer Erfolgswirksamkeit zu überprüfen. Die einzelnen Aufgaben stellt Abb. 1.1 näher vor.

Seit vielen Jahren teilt man die Medien in sogenannte „klassische Medien" und „digitale Medien" auf, was im nachfolgenden Abschn. 1.2. näher beleuchtet wird. Diese Unterscheidung ist auch hinsichtlich ihrer Werbewirkung wichtig:

Merkmale der Werbekreation	Merkmale der Mediaplanung
- Definition der Werbebotschaft - Definition des konkreten Werbeinhalts - Inhaltliche/grafische Gestaltung der Werbemittel - Honorarformen, wenn Agenturen beteiligt sind: Pauschalhonorar oder %-Anteil (oftmals ca. 8-10 % am Budget) - Agenda: überzeugenden Content generieren	- Definition Zielgruppenverhalten-/ Mediennutzung - Definition optimaler Werbewege und -mittel - Honorarformen, wenn Agenturen beteiligt sind: Fest-/ Stundenhonorar und/-oder %-Anteil an den „Billings" (Werberaum-Buchungskosten ⇔ AE-Provision: ca. 15-20 %) - Agenda: Connection zur Zielgruppe herstellen – die richtigen Werbewege/-kanäle/Medien wählen

Abb. 1.1　Eine Abgrenzung von Werbekreation und Mediaplanung. (Eigene Darstellung)

die Werbebotschaften sind je nach Medium inhaltlich unterschiedlich zu gestalten, adressieren ihre Empfänger in unterschiedlichen Formen und wirken in der inhaltlichen Wahrnehmung jeweils anders.

1.2   Die Übersicht der verschiedenen Mediengattungen

Medien sind nicht gleich Medien. Denn die Ansätze zur Unterteilung von Medien in verschiedene Kategorien sind vielfältig. Häufig wird die Kategorisierung von Harry Pross verwendet, der folgende Kategorien anwendet (Vgl. Pürer 2014, S. 68 ff.):

- **Primärmedien** sind Medien, bei denen die Interagierenden direkt miteinander kommunizieren (Beispiele: Sprache, Mimik, Gestik)
- Bei **Sekundärmedien** benutzen die Nutzer und Nutzerinnen Transportobjekte zur Nutzung der Medien (Beispiele: Zeitung, Buch, Plakate)
- Bei **Tertiärmedien** sind bei den Parteien technische Geräte für die Kommunikation nötig (Beispiele: Radio, TV, Computer)

Mediaplanung bezieht sich v. a. auf Sekundär- und Tertiärmedien, da diese Werbeinhalte als Bestandteil ihres Geschäftsmodells begreifen.

Eine andere Art der Unterscheidung ist die Aufteilung in analog und andererseits digital, neu und interaktiv. Zu den analogen Medien gehören Printmedien wie Zeitungen, Plakate oder auch Bücher, CDs, DVDs oder sogar Kassetten. Der Nutzer muss diese Medien erst anschalten oder beispielsweise einlegen, um diese nutzen zu können. Digitale (elektronische) Medien hingegen reagieren auf den Nutzer. Beispiele hierfür sind das Smartphone, Tablet oder auch PC und Laptop (Vgl. Leopold 2018, S. 43). Die Mediaplanung muss hier einerseits die Möglichkeit der individuellen Adressierung (insbesondere bei digitalen Medien möglich) bzw. andererseits der schnellen, großflächigen Vermittlung einer Werbebotschaft (z. B. bei Presseerzeugnissen und Rundfunkangeboten) besonders beachten.

Ebenso kann in Paid Media, Earned Media, Shared Media und Owned Media unterschieden werden. Diese Begrifflichkeiten gehen auf den finnischen Handyhersteller Nokia zurück. Dort wurden sie erstmals 2008 im Rahmen der Mediaplanung benutzt. Das dort genutzte PESO-Modell (Paid, Earned, Shared und Owned) von Daniel Goodall (siehe hierzu z. B. Oertli, 2016) lässt sich auf jedes beliebige Unternehmen übertragen. Paid Media umfasst alle Werbemaßnahmen, für die es einen eindeutigen Preis gibt. Earned Media beinhaltet alle Inhalte, die vor allem über unabhängige redaktionelle Medienkanäle und von

Klassische Medien	Digitale Medien
Printmedien (Zeitschriften, Bücher)	Unternehmenswebsite
POS-Medien (Gedruckte Medien am Point-of-Sale)	Social Media
Messemedien (Messestand und Flyer)	Foren und Blogs
Akzidenzen (Briefbogen und Visitenkarten)	Onlineauftritte in Medien
Radio	Animationen und Videoproduktion
TV (analoges Fernsehen)	Apps und Streaming

Abb. 1.2 Aufteilung klassischer und digitaler Medien. (Eigene Darstellung)

Konsumenten ohne direkten Auftrag des Unternehmens erstellt und verbreitet werden. Shared Media umfasst den Content, der durch Kunden und andere Stakeholder verbreitet wurde (z. B. auf Social Media). Owned Media beschreibt Kommunikationskanäle, die intern im Unternehmen verankert sind, weshalb hier keine Werbungskosten entstehen, z. B. Kundenzeitschriften (Vgl. Oertli 2016).

In diesem Essential wird in die klassische und digitale Mediaplanung unterschieden. Daher wird auch in klassische und digitale Medien unterteilt. Diese Aufteilung ist in der Abb. 1.2 dargestellt.

Wenn in den folgenden Kapiteln von klassischer oder digitaler Werbung gesprochen wird, werden diese Medien mit einbezogen.

Literatur

American Marketing Association (2017): Definitions of Marketing, Zugriff am Juni 2021, URL: https://www.ama.org/the-definition-of-marketing-what-is-marketing/
Barth, Philipp (2018): Aufmerksamkeit, Bonn: Rheinwerk.
Fröhlich, Elisabeth et al. (2018): Marketing, Konstanz und München: UVK Verlagsgesellschaft mbH.
Heun, Thomas (2017): Werbung, Wiesbaden: SpringerGabler.
Hofsäss, Michael; Engel, Dirk (2003): Praxishandbuch Mediaplanung: Forschung, Studien und Werbewirkung, Mediaagenturen und Planungsprozess, Mediagattungen und Werbeträger, Berlin: Cornelsen.
Homburg, Christian (2020): Marketing-Management, 7. Aufl., Wiesbaden: SpringerGabler.
Leopold, Marion (2018): Digitale Medien in der Kita. Alltagsorientierte Medienbildung in der pädagogischen Praxis, Freiburg im Breisgau: Herder Verlag.

Oertli, Linus (2016): Das Online Marketing Medientypen-Modell: Eine Interpretation, Zugriff am 14.02.2022, URL: https://online-mediaplanung.ch/paid-owned- earned-and-shared-media/

Pürer, Heinz (2014): Publizistik und Kommunikationswissenschaft – Ein Handbuch, 2. Auflage, Stuttgart: UTB Verlag.

Unger, Fritz; Fuchs, Wolfgang; Michel, Burkhardt (2013): Mediaplanung – Methodische Grundlagen und praktische Anwendungen, Berlin: Springer.

Klassische Mediaplanung

2

Was Sie aus diesem Kapitel mitnehmen

- *Wie sich der Markt der klassischen Medien derzeit entwickelt.*
- *Wie das Budget für die Mediaplanung bestimmt und Mediaziele definiert und genutzt werden.*
- *Welche Arten der Zielgruppenbestimmung möglich sind.*
- *Was Green Marketing ist und wie die Zielgruppe für die Mediaplanung aussieht.*
- *Wie Werbung wirkt und aus welchen Teilen der Mediaplan besteht.*
- *Wie ein Controlling in der klassischen Mediaplanung stattfindet und an welche Grenzen die klassische Mediaplanung stößt.*

„Ich weiß, die Hälfte meiner Werbung ist hinausgeworfenes Geld. Ich weiß nur nicht, welche Hälfte." (Henry Ford)

Um das Sprichwort von Henry Ford aufzunehmen: Mit guter Mediaplanung wird die verschwendete Summe des Werbeaufwands deutlich reduziert. Sie wählt diejenigen Werbeträger und Medien aus, die für die Erreichung der vorab definierten Marketingziele am geeignetsten sind. Die klassische Mediaplanung fokussiert die klassischen Medien, vornehmlich Printmedien wie Plakate und Zeitungen, aber auch Funkmedien wie Fernsehen und Radio und Out-of-Home-Werbung.

Klassische Medien haben nach wie vor einen festen Bestandteil in der Mediaplanung vieler Unternehmen. Aufgrund Ihrer oft hohen Reichweite nehmen sie daher eine schwer entbehrliche Funktion für die Gesellschaft in Deutschland ein.

Laut der Studie „New Storytelling" im Auftrag von Next Media Hamburg (Vgl. Brecht 2018) lässt sich eine Veränderung hinsichtlich der Bedeutung der

R. Strott, *Einführung in die Mediaplanung*, essentials, https://doi.org/10.1007/978-3-658-37753-3_2

genannten Medien feststellen. Ein Besuch im Supermarkt reicht aus, um zu erkennen, welch eine hohe Relevanz gerade themenspezifische Magazine noch haben. Sowohl die älteren als auch die jüngeren Teilnehmer der Studie glauben mit ca. 53 % daran, dass diese Magazine auch in Zukunft weiterhin bestehen werden. Die Glaubwürdigkeit der klassischen Medien überträgt sich auch auf deren Werbeinhalte. Lediglich 44 % der jüngeren Generation denkt jedoch, dass Tages- und Wochenzeitungen in Zukunft keinen weiteren Bestand haben werden. Etwas optimistischer sind die älteren Teilnehmer mit 53 bzw. 55 %. Schlussfolgernd lässt sich sagen, dass mit zunehmendem Alter auch die Relevanz der Printprodukte steigt. Je jünger die Nutzer, desto größer die Vorliebe für digitale Medien.

Als Vorteil der klassischen Medien ist die langjährig erarbeitete Vertrauensbasis zwischen Medien und Nutzern zu nennen. Vertrauen ist in Zeiten von Cambridge Analytica (siehe Hurtz 2020) ein hochgeschätztes Gut in der Medienwelt. In einer bevölkerungsrepräsentativen Studie aus dem Jahr 2018 von PwC wurden Deutsche ab 18 Jahren via Onlinepanelbefragung zu ihrem Vertrauen gegenüber den deutschen Medien befragt. Die öffentlich-rechtlichen Fernsehsender dienen 72 % der Studienteilnehmer als Informationsquelle für aktuelle Ereignisse. Jeder Vierte der Befragten nutzt für die Information zu Geschehnissen Social Media und vor allem die sozialen Netzwerkprofile von Printmedien oder öffentlich-rechtlicher Fernsehsender. Die Ergebnisse zeigen, dass jeder Vierte den deutschen Medien misstraut. Den größten Vertrauensverlust, der in den letzten beiden Jahren vor 2018 enorm zugenommen hat, verbuchen die sozialen Medien. Nur vier von zehn Befragten vertrauen den sozialen Medien bzw. zumindest einem Social-Media-Kanal. Schlussfolgernd lässt sich feststellen, dass das Vertrauen in Soziale Medien wie Facebook, Instagram oder auch Youtube mit zunehmendem Alter abnimmt. Zunehmend hinsichtlich der Mediennutzung zeigen sich hingegen die Tages- und Wochenzeitungen oder auch Magazine aller Art (Vgl. PwC Studie 2018). Die verschiedenen klassischen Medien und ihre Werbemöglichkeiten werden im Folgenden dargestellt.

Zeitschriften und Zeitungen
Zu den Printanzeigen zählen Werbeanzeigen in Anzeigeblättern, Gemeindeblättern, in regionalen, lokalen oder überregionalen Tageszeitungen sowie in Wochenzeitungen oder Themenzeitschriften oder auch Fachmagazinen. Der Look der Anzeige kann von reinen Textanzeigen über Bild-Textanzeigen in schwarz-weiß oder Farbe bis hin zu reinen Bildanzeigen reichen. Die Anzeigengröße reicht von der kleinen Textspaltenanzeige über die viertel- oder halbseitige Anzeigengröße bis hin zur ganz- oder doppelseitigen Werbung.

Printanzeigen in Zeitungen und Zeitschriften erfordern eine besondere strate-gische Planung. Streu- und damit einhergehende Budgetverluste sind dabei ein wichtiges Thema. Bevor sich der Werbetreibende für ein bestimmtes Printmedium oder eine explizite Form der Printwerbung entscheidet, sollte er genau abstecken, was beworben werden soll sowie welche Zielgruppe erreicht werden und welche Ziele verfolgt werden sollen. Sobald die Zielgruppe und das Format festgelegt sind, sollten die Mediadaten studiert werden. Neben den entsprechenden Preisen sowie den möglichen Reichweiten sind dort Auflistungen und Clusterbildungen über die Leserschaft zu finden.

Fernsehen

Wenn die meisten Menschen an Fernsehwerbung denken, sehen sie große Werbe-kampagnen namhafter Firmen und Marken. Der Grund hierfür ist der hohe Preis für diese Art der Werbung. Ein klassischer Werbespot ist für Fernsehwerbung die gängigste Werbeform. Da Fernsehwerbung in vielen Fällen nur beiläufig wahrge-nommen oder auch weggezappt wird, ist eine hohe Frequentierung der Werbung erforderlich, um die gewünschte Zielgruppe zu erreichen. Eine andere Werbeform ist die Berichterstattung. Diese ist mit einem PR-Text in einer Zeitung gleichzuset-zen. Denn auch ein Bericht kann als Werbung für ein Unternehmen, ein Produkt, eine Dienstleistung oder auch eine Marke dienen. Als dritte wichtige Werbeform im Fernsehen kann das Sponsoring gesehen werden. Sowohl bei Sportprogrammen als auch bei Events oder verschiedenen Fernsehserien ist diese Werbeform sinnvoll.

Radio

Radiowerbung kann sowohl regionale Kunden als auch überregionale Zielgruppen ansprechen. Da das Radio aber ein Medium ist, das in vielen Fällen ausschließ-lich beiläufig wahrgenommen wird, sind die Wiederholungen der Schaltung von Werbung im Radio entscheidend. Zudem ist eine genaue Überlegung, welcher Radiosender zu der Marke selbst und deren Präsentation passt, wichtig. Werbung im Radio kann man sowohl im öffentlich-rechtlichen als auch bei einem Privatsender schalten. Radiowerbung wird immer über TKP (1000-Kontakt-Preis) abgerechnet.

Out-of-Home

Da Menschen heutzutage ständig unterwegs sind, können diese medial auch auf dem Weg zur Arbeit oder beispielsweise zum Sport erreicht werden. Daher ist auch die Außenwerbung, in Form von Plakaten, Großplakaten oder auch beispiels-weise Verkehrsmittelwerbung im öffentlichen Nahverkehr, als Teil der klassischen Werbung ein nicht zu vernachlässigendes Medium. Da jeder Mensch täglich von tausenden Medienbotschaften angesprochen wird, müssen – auch in der Out-of-Home-Werbung – die Ideen immer ausgefallener werden, um eine Marke von der Konkurrenz abzuheben.

Wie die beschriebenen Medien zeigen, ist eine Medienvielfalt auch im klassischen Medienbereich vorhanden, die im Verlauf der Mediaplanung selektiert werden muss. Hierzu werden in den folgenden Unterkapiteln die nötigen Parameter beleuchtet. Neben der Ziel- und Budgetbestimmung und der Zielgruppenanalyse wird die Werbewirkung betrachtet, um anschließend den Fokus auf den Mediaplan selbst zu legen. Denn die Mediaplanung folgt einem bestimmten Schema, welches folgende Fragen beantwortet:

1. Welches Budget steht für die Werbekampagne zur Verfügung? (Budget)
2. Was soll mit der Werbekampagne erreicht werden? (Ziel)
3. Wer soll mit der Werbekampagne erreicht werden? (Zielgruppe)
4. Welche Medien sollen mit Werbung bespielt werden? (Medienauswahl)
5. Wie erfolgreich ist meine Werbekampagne? (Controlling)

Die Herangehensweise an diese einzelnen Fragen werden mithilfe der folgenden Abschnitte näher definiert.

2.1   Budgetbestimmung und Zielbestimmung

Eine Werbeaktion erfordert Finanzmittel. Neben den Personal- und Sachkosten für die Kreation sind insbesondere die Schaltkosten für die gewählten Medien und der Aufwand der Mediaplanung zu sehen (siehe z. B. Homburg 2020, S. 781 ff.). Eine pauschale Lösung für die Kostenbestimmung gibt es nicht, vielmehr liegen je nach Aufgabenstellung und weiteren Rahmenbedingungen verschiedene Budgetierungsansätze vor, die sich vereinfacht gesprochen in vier verschiedene Linien aufteilen lassen:

- Prozentanteil (vom Umsatz des Werbetreibenden aus gerechnet), z. B. 10 % vom Gesamtumsatz werden in die Werbung investiert (dieser Ansatz wird u. a. dem Konsumgüterhersteller Ferrero zugeschrieben)
- „All you can afford" – alles, was ein Unternehmen für Werbung erübrigen kann

- Werbezielorientierte Ansätze – wenn ein bestimmtes Werbeziel wie z. B. 50 % Marktbekanntheit oder 10 % Umsatzanteil im relevanten Markt erzielt werden soll, sind dafür x Euro erforderlich
- Konkurrenzorientierte Ansätze – wenn die Wettbewerber A, B und C für Werbung zwischen x und y Euro ausgeben, machen wir es ebenso

Jede dieser Linien besitzt individuelle Stärken und Schwächen, die in Abb. 2.1 kurz dargestellt werden.

Von daher müssen die Verantwortlichen in ihren strategischen und operativen Entscheidungen überlegen, was die jeweilige Situation erfordert und ob die damit erzielten Ergebnisse in einem sinnvollen Zusammenhang stehen.

Um schlussendlich entscheiden zu können, ob der zu erstellende Mediaplan Erfolg ausweisen konnte, müssen neben der Zielgruppe und der Budgetbestimmung auch messbare Ziele festgelegt werden. Die SMART-Formel (*Specific Measurable Achievable Reasonable Time-Bound*) nach Managementforscher und Unternehmensberater Peter Drucker bietet hierzu eine übersichtliche Vorgehensweise. Im ersten Step werden fixe Ziele gesetzt, die dann anschließend mit entsprechenden Strategien erreicht werden sollen. Im Anschluss werden diese

	Prozentmethode	All you can afford	Werbeziel- orientiert	Konkurrenz- orientiert
Vorteil	Klare, einfache Methode mit hoher Verlässlichkeit	Werbeabteilung bzw. Agentur kann das maximal Mögliche verwenden	Entsprechend Bedarf	Ausgaben blieben im Branchenüblichen
Nachteil	Gerade bei Konjunktureinbrüchen keine Sonderaktionen möglich	Budget ist unberechenbar und kaum verlässlich	Überfordert möglicherweise die wirtschaftliche Leistungsfähigkeit	Sehr reaktiv angelegt, auf Basis von Schätzungen, eine eigenständige Werbepolitik ist eher unwahrscheinlich

Abb. 2.1 Vorteile und Nachteile bestimmter Budgetierungsmethoden. (Eigene Darstellung)

Ergebnisse gemessen, um den Erfolg der Marketingmaßnahmen zu erkennen. Folgende Kriterien müssen in der SMART-Formel bei den jeweiligen Zielen abgedeckt sein:

1. **Spezifisch:** Es muss eine genaue Definition geben, was erreicht werden soll, z. B. 30 % mehr Abonnenten einer Zeitschrift.
2. **Messbar:** Die Ergebnisse der Marketingmaßnahmen müssen erfassbar sein. Hierzu muss im Vorhinein überlegt werden, welche Tracking-Methode angewendet wird, z. B. ein Coupon für das Zeitschriften-Abo mit verfolgbarem Rücklauf.
3. **Akzeptiert:** Die Ziele müssen von allen Entscheidungsträgern angenommen werden. Dies stellt sicher, dass es sich um ein für das Projekt attraktives Ziel handelt.
4. **Realistisch:** Die Ziele müssen möglich und realisierbar sein.
5. **Terminiert:** Die Ziele müssen mit einem fixen Datum festgelegt werden können.
(Vgl. Drucker 1977).

Ziele der Mediaplanung lassen sich in drei Kategorien unterteilen:

- Ökonomie (z. B. Gewinn oder Umsatz)
- Image (z. B. Bekanntheit oder Beliebtheit)
- Reichweite (z. B. Maximierung der Kontakte oder Ansprachen)

Wenn das Ziel der Mediaplanung feststeht, kann der dritte Schritt (nach Budget und Ziel) durchgeführt werden: die Zielgruppendefinition.

2.2 Zielgruppendefinition

Mediaplanung adressiert bestimmte Zielgruppen, die für eine bestimmte Produktleistung ansprechbar sind. Wie bereits erwähnt, sehe ich eine Zielgruppe als eine in sich homogene Personengruppe an, die anhand messbarer Variablen aller Art (soziodemografische Variablen wie Alter, Geschlecht, Einkommen, Wohnort, Bildungsstand; psychografische Variablen wie Einstellungen und Vorlieben) gut abgrenzbar gegenüber anderen Personengruppen ist (Vgl. Freter 2016, S. 314 f.; Heun 2017, S. 31 ff.). Dazu gehört auch eine spezifische Charakteristik in der Mediennutzung, und zwar in verschiedener Hinsicht:

- Die Auswahl bestimmter Mediengattungen (z. B. Buch, Print, Fernsehen, Radio, Online, Social Media) und hierin auch die Bevorzugung bestimmter einzelner Medientitel innerhalb einer Mediengattung (z. B. Qualitätszeitungen oder Boulevardzeitungen, General-Interest- oder Special-Interest-Zeitschriften, öffentlich-rechtliche oder private Rundfunkanbieter)
- Der Umfang der Mediennutzung, im allgemeinen Umfang wie auch im Tagesablauf
- Der Einfluss der Mediennutzung auf bestimmte Nachfrageentscheidungen
- Zusätzliche Einflussfaktoren (z. B. Meinungsführer bei bestimmten Themen wie Anschaffungen, u. a. im Bereich Bekleidung, Möbel, Essen oder IT-Ausstattung)

Von daher gehört eine genaue Definition der jeweiligen Zielgruppe und eine gute Kenntnis ihrer Mediennutzung zu den Basisfaktoren der Mediaplanung. Um diese Zielgruppe und somit potenzielle Käufer zu ermitteln, bedient sich das Marketing verschiedener Techniken. Laut Kleinjohann finden konkrete Charakterisierungen von Zielpersonen statt anhand von:

- „Soziodemografischen Kriterien
  (z. B. Geschlecht, Alter, Beruf, Einkommen)
- Geografischen Kriterien
  (z. B. Nationen, Regionen, Städte, Stadtteile, Straßen)
- Verhaltensbezogenen Kriterien
  (z. B. Verhalten bezogen auf Produkt, Preis oder Kommunikation)
- Psychografischen Kriterien
  (z. B. Persönlichkeit, generelles Verhalten)" (Kleinjohann 2020, S. 1 f.)

Mithilfe der Verknüpfung von verschiedenen Merkmalen können einzelne Personen zu einer Zielgruppe hingeführt werden. Anschließend können sie beispielsweise als Persona oder auch als Milieu dargestellt werden. Persona stammt begrifflich aus der lateinischen Sprache und steht für das deutsche Wort „Maske". Aber auch im Griechischen ist das Wort für die deutsche Übersetzung „Gesicht" und „Persönlichkeit" vertreten. Es handelt sich hierbei um eine fiktive Person, die spezielle Eigenschaften besitzt und stellvertretend für eine bestimmte Zielgruppe steht (Vgl. Sens 2019, S. 17). Da speziell bei Online-Medien verschiedene Zielgruppen gleichzeitig angesprochen werden können, empfiehlt es sich, für jeden Geschäftsbereich 1–2 Personas zu definieren. Denn Personas werden im gesamten Verlauf des Gestaltungsprozesses verwendet, um bspw. fortlaufend die ermittelte Zielgruppe mit dem Kontext und den genutzten Medien abgleichen zu können.

Die Idee der Personas ist dabei noch eher jung. Alan Cooper entwickelte sie erst zum Ende der 90er Jahre. Wichtig für die Erstellung von Personas ist:

• Sie vereinigt und repräsentiert bestimmte, typische Eigenschaften eines Anwenders, in kurzer, prägnanter Weise.
• Ein Foto kann hilfreich sein
• Es werden nie mehr Personas erstellt, als für den Designprozess nötig. (Vgl. Dahm 2006, S. 317 f.)

Wie diese Personas aussehen können, zeige ich beispielhaft anhand einer Persona-Entwicklung innerhalb der Zielgruppe LOHAS (Lifestyle of Health and Sustainability). Diese Personas wurden im Rahmen einer Nachhaltigkeitskampagne entwickelt und spiegeln die verschiedenen Facetten der LOHAS wieder. Köhn-Ladenburger verfolgt den Ansatz, dass sich LOHAS als Individualisten sehen, die einen Lifestyle verfolgen, in dem sie möglichst ökologisch und nachhaltig handeln, bewusst konsumieren und neuester Technik gegenüber aufgeschlossen sind, wenn diese mit ihrem Gewissen vereinbar sind (Vgl. Köhn-Ladenburger 2013, S. 8). Dieser Aspekt wird auch in einer Studie von Gruner + Jahr verdeutlicht. Individualisierung, Nachhaltigkeit und strategisches Konsumverhalten prägen den Lifestyle der LOHAS, der laut dieser Studie „eher unpolitisch, naturromantisch, harmoniebedürftig, konservativ und ichbezogen ist" (Gruner + Jahr Media Sales 2009, S. 3).

Typenbeispiele für LOHAS (Darstellung für Personas)

• **Thomas Kern, 36 Jahre**
  Als Geschäftsführer eines modernen Investmentunternehmens trägt Thomas im Beruf täglich einen Maßanzug. Er ist gebildet, eloquent und engagiert sich in seiner Gemeinde. Denn Thomas arbeitet zwar in der Stadt, wohnt aber in einem Vorort gemeinsam mit seiner Freundin, die auch im Investmentgeschäft tätig ist. Genuss bedeutet für ihn sowohl das Essen in gehobenen Restaurants unter der Woche als auch das Kochen in seinem Haus mit Garten. In seiner wenigen Freizeit bouldert er und versucht zum Ausgleich des stressigen Alltags täglich zu meditieren. Da er einen ausgeprägten Umweltgedanken aufweist, versucht er, die Sünden seiner vielen Flugreisen mit Spenden für Umweltorganisationen zu kompensieren.

- **Marita Lee, 43 Jahre**
  Gemeinsam mit ihrem Mann, der als Architekt arbeitet, und ihren zwei Kindern im Alter von 14 und 17 wohnt Marita in einer Kleinstadt. Beruflich ist sie Erzieherin und in ihrer Freizeit widmet sie sich ihrer künstlerischen Ader. Sie spielt Gitarre, malt Acryl und schreibt mit viel Leidenschaft Gedichte. Für ihre Familie kocht Marita meistens selbst und kauft dafür im regionalen Bio-Laden der Kleinstadt ein. Auch bei ihrer Kleidung legt sie viel Wert auf Nachhaltigkeit und kauft daher in Online-Shops, die sich auf den Vertrieb von umweltfreundlicher und ethisch korrekter Kleidung spezialisiert haben. Den Urlaub verbringt die Familie meistens in Ferienwohnungen in Europa. Doch aufgrund des Besitzes eines Hundes und zweier Pferde ist dies nur selten der Fall.
- **Anthony Grimm, 28 Jahre**
  Anthony arbeitet als Online-Redakteur bei einer bekannten Tageszeitung. Durch seine Fähigkeit zu Schreiben und seine Affinität zu gesunder Ernährung hat er sich mit einem Blog, in dem er Supermärkte anhand ihres Sortiments an regionalen Lebensmittel bewertet, einen Namen in der Onlinewelt der LOHAS gemacht. Er hat keine Freundin, ist aber auf der Suche nach einer Beziehung, um in Zukunft vielleicht auch auf das Land zu ziehen und eine Familie zu gründen. Anthony treibt in seiner Freizeit gerne Sport. Er fährt Fahrrad, schwimmt und spielt mit Freunden Basketball. Yoga am Morgen entspannt ihn und gibt ihm Kraft für den Tag. Reisetechnisch unternimmt Anthony gerne Städtetrips mit dem Zug. Am Wochenende fährt er zur Entspannung mit seinem Fahrrad an den See.
- **Ursula Meyer, 69 Jahre**
  Sie ist Rentnerin und lebt mit ihrem Lebensgefährten in einer kleinen Wohnung mit begrüntem Balkon in einer Großstadt. Sie achtet bei ihrer Ernährung besonders auf den regionalen Anbau der Lebensmittel. Daher kauft sie diese auf dem Wochenmarkt in der Innenstadt. Bei ihrer Kleidung achtet sie auf Qualität und gibt daher auch gerne mehr Geld dafür aus. Auch für Geschenke gibt sie gerne höhere Beträge aus, um ihrer Familie eine Freude zu machen. Wenn sie auf dem Balkon sitzt, liest sie gerne die Zeitschrift „Landlust". Gemeinsam mit ihrem Lebensgefährten reist sie sehr gerne in ferne Länder, um andere Kulturen kennenzulernen. Aber auch zuhause ist Kultur sehr wichtig für die beiden Rentner. Sie gehen regelmäßig in die Oper oder ins Theater, machen Sprach- und Kochkurse und spazieren gerne im Park.

Im Gegensatz zur Segmentierung werden bei der Entwicklung von Personas die Aspekte des Gesamtmarktes, der sich als heterogen zeigt, in homogene Teilmärkte zerlegt. Der Markt wird nach Verhaltensmustern, Werten, Einstellungen und weiteren Faktoren aufgeteilt. Eine Persona vereint die verschiedenen Faktoren einer Teilgruppe und kann somit als Vertreter gesehen werden. Die Segmentierung unterteilt nicht nach den genannten Faktoren, sondern nach demografischen Eigenschaften, Vertriebskanälen oder dem Kaufverhalten.

Eine zusätzliche Möglichkeit, eine Zielgruppe zu definieren, ist die Definition über die Generation: Eine Generation beschreibt den Kreis von Menschen, die in einem bestimmten Zeitraum geboren wurden. Auch Verhaltensweisen und Einstellungen ähneln sich. Dieser Aspekt liegt dem Erlebnis gleicher bedeutender Ereignisse und gesellschaftlicher Entwicklungen zugrunde. Da die exakten Geburtsjahre einzelner Generationen nicht festgeschrieben sind, werden die prägenden Jahre als Identifikation verwendet. Soziologen bezeichnen die „prägenden Jahre" eines Menschen im Zeitraum zwischen dem 11. und dem 15. Lebensjahr. Die prägenden Jahre bedeuten, dass Menschen in diesen Jahren zum ersten Mal äußerliche Einflüsse bewusst wahrnehmen und sich davon beeinflussen lassen. Hierzu zählen unter anderem Geschehnisse aus Politik, Wirtschaft und Gesellschaft (Vgl. Mangelsdorf/Offenbach 2014, S. 10 f.). Diese Art der Zielgruppenbestimmung kann für allgemein nutzbare Güter angewendet werden, sollte aber bei Nischenprodukten oder auch allen Produkten und Dienstleistungen, die über den täglichen Bedarf hinausgehen, nicht angewendet werden.

Eine weitere Möglichkeit der Zielgruppenbestimmung ist die Segmentierung von Kundengruppen, wie sie beispielsweise vom Sinus-Institut vorgenommen wird. Das Institut veröffentlicht jedes Jahr eine Studie, in der die Bevölkerung der 14- bis 64-Jährigen in Deutschland in sogenannten Sinus-Milieus dargestellt wird. Diese Darstellung liefert ein Abbild der soziokulturellen Landschaft in Deutschland. Bei der Analyse und Zuordnung der Menschen spielen Aspekte wie Werte, Lebensstile und soziale Hintergründe neben demografischen Eigenschaften wie Bildung und Einkommen bedeutende Rollen. Einzusehen sind diese Sinus-Milieus auf der Website des Sinus-Institutes, ein unabhängiges, inhabergeführtes Institut für Markt- und Sozialforschung mit Standorten in Heidelberg und Berlin. Die zu diesem Zeitpunkt feststehenden Milieus werden auf der Website jahresaktuell dargestellt. Die Unterteilung erfolgt in drei Hauptkategorien, die sich am gesellschaftlichen Status der Einzelpersonen und somit deren Milieus orientieren.

Diese Segmentierung nach Milieus ist beim Einsatz der Mediaplanung für klassische Medien, wie sie bereits im vorherigen Kapitel definiert wurden, sinnvoll. Für digitale Medien erarbeitet das Sinus Institut spezielle digitale Sinus-Milieus, die im dritten Hauptkapitel des Buches thematisiert werden. Zudem sollte bei der Zielgruppenerstellung auch die aktuelle kulturelle Veränderung und die daraus resultierenden Kundengruppen beachtet werden. Ein Beispiel hierfür ist die Mediaplanung innerhalb des Green Marketings für LOHAS, welches ich im nächsten Kapitel, einem Exkurs, näher beleuchten werde.

2.3   Exkurs: Green Marketing mit Zielgruppe LOHAS

Green Marketing basiert auf der Annahme, dass sowohl Menschen als auch Produkte und Unternehmen die physische und gleichzeitig globale Umwelt als Basis mit sich bringen (Vgl. Peattie und Charter 2003, S. 728 f.). Wie Scholz beschreibt, ist „[green] ein Überbegriff für all die verschiedenen Bezeichnungen, die heutzutage in aller Munden und in allen Medien sind: bio, öko, sozial, fair, saisonal, regional, nachhaltig, verantwortungsvoll, effizient, sparsam, umweltbewusst und so weiter und so fort. Die Aspekte sind vielzählig – und machen das Feld daher auch auf den ersten Blick unüberschaubar." (Scholz et al. 2015, S. 132).

Das Green Marketing ist an das Konzept der Corporate Social Responsibility (CSR) mit unterschiedlichen Definitionen und Verständnissen gebunden. Für dieses Essential wird die Definition der Europäischen Kommission verwendet, die CSR als ein Konzept beschreibt, „das den Unternehmen als Grundlage dient, auf freiwilliger Basis soziale Belange und Umweltbelange in ihre Unternehmenstätigkeit und in die Wechselbeziehungen mit den Stakeholdern zu integrieren." (Europäische Kommission 2001, S. 7) CSR wird damit als Verantwortung von Unternehmen für ihre Auswirkungen auf die Gesellschaft verstanden. Ein Instrument für CSR ist das sogenannte Cause-Related Marketing. Es beschreibt die Verbindung eines Produktverkaufs mit der Unterstützung eines wohltätigen Zweckes oder einer gemeinnützigen Einrichtung (Vgl. Stierl und Lüth 2015, S. 8). Da es sich hierbei um eine kurzfristige Marketingaktivität handelt, ist es jedoch nicht mit dem Green Marketing vergleichbar, das laut Ottmann eine langfristige Orientierung darstellt (Vgl. Ottman 1998, S. 47 f.).

Ab den 90er-Jahren liegt der Fokus des Umweltgedankens auf der dynamischen und wechselwirkenden Beziehung zwischen Gesellschaft, Wirtschaft und Umwelt, die sich positiv auf die Unternehmensführung auswirkt: Durch die Einführung von Öko-Produkten für die breite Masse erschließen sich nicht nur neue Käuferschichten, sondern auch neue Marktchancen. (Vgl. Peattie;Charter 2003, S. 728) Diese Ausdehnung in der Gesellschaft setzt sich in den 2000er-Jahren fort und mündet in der heutigen Zeit, in der eine zielgruppenübergreifende Konsumentenklasse, die ihr Handeln an dem Schutz der Umwelt sowie Nachhaltigkeit, Gesundheit, Genuss und Gerechtigkeit ausrichtet: die LOHAS (Akronym aus den Anfangsbuchstaben von „Lifestyle of Health and Sustainability") (Vgl. Heiler et al. 2008, S. 89). Diese Zielgruppe kann in Bezug auf die Mediaplanung weder über eine Generation noch über eine Segmentierung der Sinus-Millieus betrachtet werden. Hier ist eher eine Lebenseinstellung als eine bestimmte Alters- oder Einkommensklasse maßgeblich. Traditionell wird die Zielgruppe nach Alter, Familienstand, Wohnort und anderen Merkmalen definiert. Diese Definition ist für die LOHAS schlecht umsetzbar, da es sich um einen Lifestyle handelt, der von verschiedenen Altersgruppen verfolgt wird. Die Lebenseinstellung definiert sich durch ein gesteigertes Umweltbewusstsein, eine hohe Affinität zu Technik und die Leidenschaft für Hochgenuss und Wellness. Helmke et al. stützt sich auf die Forschung von Ray und Anderson und bezeichnet diese Konsumentengruppe als „die‚Kulturell Kreativen‘, eine neue Gesellschaftsformation aus kreativen, verantwortungsbewussten, gesundheitsorientierten und Genuss suchenden Menschen" (Helmke et al. 2016, S. 1).

Dieser Genuss zeigt sich auch in der untypischen Mediennutzung dieser gesellschaftlichen Gruppierung: In der aktuellen Literatur finden sich zunehmend Veröffentlichungen zu LOHAS-relevanten Themen wie Umwelt, Gesellschaft und soziales Engagement. Im Bereich der Radionutzung ergaben Studien, dass LOHAS überdurchschnittlich oft Radio hören. Diesen Aspekt haben einige Radioanbieter bereits für sich genutzt und entsprechende Werbekampagnen oder sogar eigene Radiosender für LOHAS entwickelt. In diesen werden vor allem Bio-Lebensmittel, umweltfreundliche Produkte und Reisen beworben (Vgl. Helmke et al. 2016, S. 100).

Auch im Internet ist ein Wachstum an Informationsseiten zu Themen wie Nachhaltigkeit, ethischer Konsum und Umwelt sowie Web-Communities unter LOHAS zu beobachten. Der Begriff „Green-Web", eine Verbindung aus Green Marketing und dem „Mitmach-Web" der WEB-2.0-Entwicklung, eröffnet LOHAS die Möglichkeit, das Web als Plattform zu nutzen und sich somit untereinander zu vernetzen. Zudem können sie in Echtzeit auf Internetseiten kontrollieren, ob Unternehmen ethische Standards erfüllen und somit in den Köcher der möglichen Konsumbefriedigung gelangen. LOHAS sind zudem sowohl in Blogs als auch in Social Media zu finden. Mithilfe der Blogs wird ein Medium geschaffen, das dem User helfen kann, eine für ihn zufriedenstellende Kaufentscheidung zu treffen. Ein mobiler Zugriff ermöglicht den LOHAS die zuvor beschriebene Echtzeitinformation zu verschiedenen Themen. Die zusätzliche Darstellung des geografischen Umfelds gibt LOHAS die Chance, regional und gleichzeitig über Medien zu konsumieren (Vgl. Helmke et al. 2016, S. 102 ff.).

Aber auch das Käuferverhalten dieser Zielgruppe ist besonders: „Ethischer Konsum" beschreibt den Kauf von Produkten und Dienstleistungen, die vom Kunden als ethisch hergestellt wahrgenommen werden (Vgl. Pittner 2014, S. 17).

Heiler et al. beschreibt diesen Vorgang als „umweltverträglich, sozial gerecht, ökonomisch leistbar, knüpft an vorhandenen, sozial und kulturell unterschiedlichen Konsumbedürfnissen und -wünschen an, sucht Konsumalternativen (z. B. andere, nachhaltigere Produkte) und Alternativen zum Konsum (nicht konsumptive Bedürfnisbefriedigungen), ist sozial attraktiv und leicht in den Konsumalltag integrierbar" (Heiler et al. 2008, S. 41). Da LOHAS eine gesunde Umwelt sowie Gerechtigkeit und Fairness in der Gesellschaft zum Ziel haben (Vgl. Scholz et al. 2015, S. 148), kann das Konsumverhalten als „ethisches Konsumverhalten" bezeichnet werden.

Zusammengefasst bedeutet dieser Exkurs, dass eine Zielgruppendefinition in manchen Fällen nicht nur über die Generation oder die Milieu-Segmentierung allein erreicht werden kann, sondern dass ein genauer Blick auf die zu erreichenden Menschen geworfen werden muss. Welche Werbewirkungsmodelle es hierzu gibt, zeigt der folgende Abschnitt.

2.4   Werbewirkung und Medienauswahl

Werbung kann auf verschiedene Arten wirken, wozu sich eine Anzahl an Werbewirkungsmodellen ausgebildet hat. Bekanntheit erreichten u. a. das AIDA-Modell (Attraction – Interest – Desire – Action) nach Elmo Lewis (Vgl. Riedl 1992, S. 285 ff.) und die DAGMAR-Formel („Defining Advertising Goals for Measured Advertising Result") nach Russell H. Colley (1967).

Das AIDA-Modell zeigt die vier Stufen der Werbewirkung als Akronym:

- Attention: Aufmerksamkeit erregen
- Interest: Interesse wecken
- Desire: Kaufwunsch auslösen
- Action: den Kunden zum Kaufabschluss führen (Vgl. Krohmer und Homburg 2009, S. 738)

Laut der beiden Autoren bilden die ersten drei Schritte des Modells Ziele, die potenzialbezogen sind, der letzte Schritt aber ein Ziel, welches markterfolgsbezogen ist. Die ersten drei Schritte (AID) zielen darauf ab, den potenziellen Kunden im Wettbewerb für sich zu interessieren. Der letzte Schritt (A) beschreibt schlussendlich die Entscheidung, das angepriesene Produkt zu kaufen oder die Dienstleistung in Anspruch zu nehmen. Es ist zudem der Entscheidungszeitpunkt für eine Marke und gegen die Konkurrenz. Erst dieser Schritt beschreibt das Erfolgspotenzial eines Unternehmens.

In seinem Werk „Defining Advertising Goals for Measured Advertising Result" (kurz: DAGMAR) beschreibt Colley (1967) ein Modell, das seine genauere Ansicht der verschiedenen Stufen erlaubt:

- Awareness: Das Ziel der Werbung ist es, die Bekanntheit für ein Produkt oder eine Dienstleistung zu steigern.
- Comprehension: Die potenziellen Kunden sollen verstehen, dass das Produkt oder die Dienstleistung für sie brauchbar ist.
- Conviction: Die Werbebotschaft muss den Kunden von dem Produkt oder der Dienstleistung überzeugen.
- Action: Die Werbebotschaft führt den Kunden zur Kaufentscheidung.

Dieses Modell setzt die Wahrnehmung der Werbung durch den Kunden voraus, um eine weitere Wirkung resultieren zu lassen. Die spätere Aufnahme der Werbung ist durch den Überfluss an Werbebotschaften, denen eine Person im Alltag begegnet, kein einfacher Prozess. Einer der Unterschiede der beiden Modelle ist, dass das AIDA-Modell einen Gedanken in der Absatzpolitik beschreibt und die DAGMAR-Formel hingegen die Kommunikationstheorie als Basis nutzt. Im Gegensatz zu AIDA fragt die DAGMAR-Formel, ob die genutzte Werbung für den potenziellen Kunden sichtbar und verständlich ist. Daher ist die DAGMAR-Formel für die Gestaltung von Werbemitteln leichter als Unterstützung nutzbar.

Die DAGMAR-Formel wurde zur damaligen Zeit als Ergänzung der AIDA-Formel gesehen, kann jedoch als abgelöst durch eine genaue Mediaplanung gesehen werden. Die gleiche Thematik zeigt sich mit dem bekannten Modell von Lavidge und Steiner. Das sechsstufige Modell aus dem Jahr 1961 reicht von der Kenntnis des Kunden, dass das Produkt bzw. die Marke existiert, über die Begeisterung, die der Kunde entwickelt, bis hin zum Kaufabschluss:

1. Awareness (Kenntnis): Kunde weiß um das Produkt als solches.
2. Knowledge (Wissen): Kunde weiß um relevante Produkteigenschaften.
3. Liking (Sympathie): Kunde verbindet mit dem Produkt positive Eigenschaften.
4. Preference (Vorzug): Kunde würde dieses Produkt bei einer Kaufentscheidung auf alle Fälle näher prüfen, weil er Vorteile sieht, die andere Produkte nicht haben.
5. Conviction (Überzeugung): Kunde ist davon überzeugt, dass dieses Produkt ihm eine sinnvolle Problemlösung bietet, es kommt bei einem anstehenden Kauf unbedingt in die nähere Auswahl.
6. Purchase (Kauf): Kunde kauft das Produkt schlussendlich.

(Vgl. Lavidge und Steiner 1961, S. 61 f.)

Man erkennt an der Gestaltung, dass hier eine positive Aufwärtsentwicklung im Sinne eines Treppenmodells entsteht, auf deren letzter Stufe der (wiederholte) Kauf und ggf. die Weiterempfehlung im sozialen Umfeld entsteht. Der Vorteil gegenüber dem AIDA-Modell und ähnlichen Ansätzen liegt in der strategischen Perspektive: Auch, wenn nicht gleich ein Kauf induziert wird, kann eine positive Grundstimmung erzeugt werden, die zu einem späteren Zeitpunkt ihre Wirkung entfaltet. Man denke an eine Marketingstudentin, die mit Werbung für höherwertige Bekleidung oder Fahrzeuge konfrontiert wird, und deren Erwerb im Moment ihre finanziellen Mittel übersteigt. Wird sie durch den Berufseinstieg später ein deutlich höheres Einkommen erzielen, kann sie sich bei einer erneuten Konfrontation mit Werbung für das jeweilige Produkt an diese positive Grundstimmung erinnern und den prinzipiell schon verankerten Vorzug in einen Kauf umwandeln.

Als kurzer Exkurs zur kritischen Bewertung dieses Modells: Was bei Lavidge und Steiner nicht erscheint, ist eine mögliche negative Entwicklung beim Werbekonsumenten. Mit anderen Worten: Wenn ein Werbeimpuls keine positiven Eindrücke weckt, sondern durch die Art der Ansprache (falsches Motiv, falscher Werbeweg, falsches Timing) eine negative Assoziation hervorruft, kann auch eine Abwärtsbewegung entstehen. Um im Bild zu bleiben: von einer diffusen Aversion (Stufe -1) über eine deutliche Abneigung (Stufe -2) bis hin zur Bekämpfung mit verschiedenen Mitteln (Stufe -3) reicht die denkbare „Treppe abwärts". Dies ist hier aber nicht weiter zu vertiefen.

Bei den vorgestellten Werbewirkungsmodellen wird die Fülle der Werbebotschaften nicht beachtet. Wenn täglich mehrere tausend oder gar zehntausende Werbeimpulse auf einen einzelnen Menschen einwirken, stellt sich die Frage, ob Werbung überhaupt wirken kann oder nicht in der Vielzahl der Eindrücke untergeht. Diese Frage lässt sich relativ einfach beantworten: wenn der richtige Werbeweg mit einer geeigneten, zielgruppengerechten Botschaft verbunden wird, dann kann Werbung ihre volle Wirkung entfalten. Der Mediaplan (siehe Abschn. 2.5) legt Art und Umfang des Werbespendings fest und setzt dabei in der Werbewirkung auf eine Wirkungskaskade, in Abb. 2.2 dargestellt.

Der gezielte Einsatz der passenden Medien für den gewünschten Zweck beschreibt diese Mediaplanung. Daher sollte die Medienauswahl auf Basis der gewünschten Medienwirkung getroffen werden. Der hierfür zu erstellende Mediaplan wird im nächsten Kapitel thematisiert.

Werbezweck	Traditionelle Werbe-Kaskade	Digitale Werbekaskade
Markteinführung, Bekanntmachen eines Produkts	Fernsehwerbung	Einbettung in Online-Angebote (Nachrichtenangebote, Video-Angebote)
Festigung der Werbebotschaft	Printwerbung	Personalisierte Einblendung in Online-Angebote
Vertiefung der Anbieter-Kundenbeziehung, Kaufauslösung	Online-Angebote	Einbettung in Social Media-; Gaming- und Mailing-Anwendungen

Abb. 2.2 Skizzierung der Werbekaskade. (Eigene Darstellung)

2.5 Der Mediaplan als Teil des Marketingplans

Eine nahezu unübersichtliche Fülle von Medien begegnet jedem Menschen tagtäglich. Auf dem Weg zur Arbeit, in der Mittagspause oder abends beim Sport werden Werbebotschaften bewusst oder unbewusst wahrgenommen. Diese lassen sich für den Bereich der klassischen Medien in die beiden Arten Individual- und Massenmedien aufteilen, die in der Abb. 2.3 aufgezeigt werden.

Interessanterweise können viele digitale Medien eine Zwischenfunktion wahrnehmen, weshalb die Mediaplanung mit ihnen im nachfolgenden Kap. 3 nochmals vertieft wird. Durch ihre Überallerhältlichkeit („Ubiquität", wer einen Online-Zugang hat, kann prinzipiell an jedem Ort dieser Welt darauf zugreifen, soweit nicht örtliche Zugangsbeschränkungen oder Zensur dies verhindern) haben sie den Charakter von Massenmedien. Durch ihre Interaktivität und individuelle Gestaltbarkeit und Adressierbarkeit gewinnen sie andererseits Charaktermerkmale von Individualmedien.

Unabhängig von solchen Erwägungen gilt, dass die konkrete Werbeleistung anhand von Werbeparametern zu prüfen ist. Diese sind insbesondere:

• Die Reichweite allgemein und in bestimmten Zielgruppen
• Die Kosten für eine Werbeleistung, als solche und in Relation zum Erfolg

Individualmedien	Massenmedien
Merkmale	• In beide Richtungen gestaltbar • Überschaubare Personenzahl, auf wenige Personen ausgerichtet • Individuell der Situation anzupassen	• In eine Richtung ausgerichtet • Im Prinzip „unübersehbare" Teilnehmerzahl, auf eine große Anzahl an Personen ausgerichtet • Reaktionsmöglichkeiten nicht oder nur mit erheblicher Zeitverzögerung möglich • Nur begrenzt situativ gestaltbar
Mündlich	Persönliche Gespräche (z.B. Verkaufsgespräche an der Haustür, über Telefon oder an Messeständen)	Massenkundgebungen und Vorträge
Schriftlich	Persönliche Briefe	Bücher Zeitungen und Zeitschriften Werbeprospekte
Audio-visuell	Videotelefonie und ähnliche Medien	Video-Konferenzen ohne Kleingruppen-Interaktion
Eignung für Werbung	v.a. zum direkten Kaufabschluss, v.a. bei erklärungsbedürftigen und/oder hochwertigen Produkten geeignet	v.a. zur Verbreitung von allgemeinen Produktkenntnissen oder besonderen Aktionen sowie zum Auslösen von Spontan- und Wiederholungskäufen geeignet

Abb. 2.3 Charakteristik und Beispiele für Individual- und Massenmedien in der klassischen Mediaplanung. (Eigene Darstellung)

- Die Fähigkeit, besondere Werbeleistungen zu erbringen (z. B. die Übermittlung einer Warenprobe oder einer personalisierten Werbebotschaften oder das Auslösen eines direkten Responses)

Um diese Leistungen zu überprüfen, haben sich zum einen bestimmte, standardisierte Kennwerte herausgebildet, insbesondere:

• Brutto- und Nettoreichweiten-Werte
• Affinitäten von Zielgruppen zu bestimmten Medien

Die Notwendigkeit standardisierter Daten zur Werbeleistung lässt sich leicht mit dem Verweis auf die unterschiedlichen Leistungswerte einzelner Medien und der dafür erhobenen Kosten erklären. Man benötigt einen Standard in Gestalt von z. B. dem sogenannten „Tausender-Kontakt-Preis", damit Presseobjekte, Rundfunkmedien usw. mit ihren unterschiedlichen Auflagen bzw. Leserzahlen, Zuhörern bzw. Zuschauern etc. in ihrer Wirksamkeit vergleichen zu können (Vgl. Hollerbach-Zenz 2012, S. 214 ff.).

In der Praxis unterteilt sich der Mediaplan in drei verschiedene Phasen: In der ersten Phase des Mediaplans wird die aktuelle Situation analysiert. Dazu gehören die wirtschaftlichen Ist-Zustände des Unternehmens selbst, aber auch die des Marktes, der Gesellschaft und des Produktes oder der Dienstleistung. Der Ist-Zustand des Unternehmens teilt sich in Stärken und Schwächen, die Finanzkraft, die Kommunikationsziele, das Produktsortiment und die Markenpolitik. Der Ist-Zustand des Marktes beinhaltet das derzeitige Potenzial, das Volumen, die Angebote und Nachfragen. Zu den zu analysierenden Aspekten im Bereich der Gesellschaft sind beispielsweise die Bedürfnisse, Wünsche, Ängste, Erwartungen und Lebensstile der Teilnehmer. Der abschließende Teil der Analysen des Ist-Zustandes darf das Produkt oder die Dienstleistung selbst nicht außer Acht lassen. Aus diesem Grund wird analysiert, ob das Produkt oder die Dienstleistung leicht verständlich ist, oder ob Erklärungsbedarf für den Kunden besteht. Basierend auf den Ergebnissen dieser Analyse werden schließlich die Marketingziele definiert. Diese können folglich die Erhöhung des Absatzes, die Steigerung des Images aber auch die Abwerbung von Kunden der Konkurrenz sein.

In der zweiten Phase nach der Analyse der Situationen wird im Falle von beauftragten Agenturen mit dem Kunden gemeinsam die Mediastrategie entwickelt. Für Marketingabteilungen in Unternehmen bedeutet das, dass in dieser Phase die Mediastrategie mit der Geschäftsleitung oder den Entscheidern im Unternehmen abgestimmt werden muss. In diese Abstimmungen können verschiedene Entscheidungen einfließen: von saisonalen Umständen über Imageentscheidungen bis hin zu Strategieausrichtungen.

Die dritte Phase beschäftigt sich mit dem Budget, was für die Werbemaßnahmen zur Verfügung steht. Wie dieses Budget festgelegt werden kann, wurde bereits in Abschn. 2.1 beschrieben.

Sobald der Mediaplan fertiggestellt wurde, folgen die Optimierungen durch verschiedene Gewichtungen. Beispielsweise können die Personen innerhalb einer Zielgruppe unterschiedlich gewichtet werden. Fuchs und Unger zeigen diese Gewichtung, die die Budgetplanung und den späteren Einsatz erschwert, in einem Bespiel: „Die Zielgruppe mag lauten: Alle haushaltsführenden Frauen in einem Alter von 20 bis 39 Jahren. Man kann beispielsweise Personen dieser Gesamtheit in Haushalten mit einem höheren Haushaltsnettoeinkommen höher gewichten, als Personen mit einem niedrigeren Haushaltsnettoeinkommen." (Fuchs und Unger 2014, S. 440).

Zudem können einzelne Medien unterschiedlich gewichtet werden, indem auf Basis der verschiedenen Analysen von Zielgruppe, Konkurrenz und Unternehmen selbst die besonders relevanten Mediengattungen eruiert werden.

2.6 Media-Controlling

Das Controlling im Sinne von Horváth ist „dasjenige Subsystem der Führung, das Planung und Kontrolle sowie Informationsversorgung (…) ergebniszielorientiert koordiniert und so die Adaption und Koordination des Gesamtsystems unterstützt" (Horváth 2009, S. 125). Um das Werbebudget möglichst wirkungsvoll einzusetzen und das beworbene Produkt oder die Dienstleistung im Informationsfluss besonders gut erkennbar zu machen, ist ein Controlling (Kontrolle) auch im Bereich der Mediaplanung unerlässlich. Laut Reinecke und Janz steigt die Bedeutung des Mediacontrollings aus mehreren Gründen (Vgl. Reinecke und Janz 2007, S. 25 ff.):

- Aufgrund zunehmender Konkurrenz in vielen Marktsegmenten, müssen immer höhere Kosten in das Marketing und den Vertrieb gesteckt werden. Daher nimmt dieser Unternehmensbereich auf der Führungsebene von Unternehmen einen wichtigen Punkt zur Beobachtung ein. Die hohen Kosten aber auch die Effizienz der Marketingmaßnahmen müssen stets von den Marketingverantwortlichen gegenüber der Führungsebene gerechtfertigt werden.
- Neue Möglichkeiten im Bereich der Informationstechnik (bspw. Customer-Relationship-Managementsysteme) können neue Tore für das Controlling öffnen, Unternehmen aber auch vor Herausforderungen stellen.

Wie bei allen Marketingaktivitäten bedarf das Media-Controlling selbst eines Prozesses. Koppelmann hat diesen bereits 1997 definiert: Die Ergebnisse der Marketingtätigkeiten (Ist) werden mit den Vorgaben (Soll) verglichen. Sollten die

Ergebnisse dieses Vergleichs außerhalb einer festgesetzten Toleranzgrenze liegen, müssen die Ursachen ermittelt werden. Anschließend sollten entsprechende Optimierungen und Gegenmaßnahmen formuliert werden. Liegen die Ergebnisse innerhalb der Toleranz können die Marketingmaßnahmen wie gewohnt fortgesetzt werden (Vgl. Koppelmann 1977, S. 185).

Ähnlich wie beim Marketing selbst wird auch im Media-Controlling zwischen strategischer und operativer Kontrolle unterschieden. Die strategische Mediakontrolle zielt auf die Kontrolle der mittel- und langfristigen Entscheidungen ab. Hierzu können Scoring-Modelle oder auch beispielsweise Markenbewertungsmodelle eingesetzt werden. Generell gilt, dass das strategische Media-Controlling der Aufdeckung strategisch relevanter Marktveränderungen dient und daraus Chancen und Risiken für das Unternehmen ableitet. Dabei dient die zukunftsorientierte Überwachung dazu, dass Marketingmaßnahmen rechtzeitig und umfassend an mögliche Umweltveränderungen angepasst werden können (Vgl. Kreutzer 2017, S. 449).

Die operative Mediakontrolle greift die Aspekte von Koppelmann auf und analysiert, überprüft Ursachen und erarbeitet Anpassungsmaßnahmen. Hierzu können beispielsweise die Break-even-Analyse, Früherkennungsmodelle oder auch die operative Kostenvergleichsrechnung eingesetzt werden. (Vgl. Link und Weiser 2011, S. 43).

Da den Marketern eine Vielzahl an Instrumenten für das Media-Controlling zur Verfügung stehen, ist es in der Praxis entscheidend, Nutzen und Aufwand abzuwägen, um die passenden Instrumente für das eigene Produkt oder die eigene Dienstleistung auszuwählen. Diese können einzeln oder auch gruppiert angewendet werden.

2.7   Grenzen der klassischen Mediaplanung

Online-Medien sind derzeit gefragter bei Nutzern als auch Werbekunden, als klassische Medien. „Digital first" ist der aktuelle Leitsatz. Schlussfolgernd bedeutet das für Marken, die keine digitale Präsenz haben, dass sie an Wert verlieren. Marken hingegen, die digital sichtbar sind, können durch gezielte Maßnahmen in Online-Medien ihre Position festigen.

Die Corona-Pandemie hat zudem gezeigt, dass alle Branchen auf digitale Medien und Kommunikationskanäle angewiesen sind. Verhaltensweisen in der Gesellschaft haben sich angepasst und Gewohnheiten haben sich teilweise verändert. Aber auch die Kommunikation in der digitalen Welt hat sich etabliert. Angefangen von der Telko im Homeoffice über Online-Getränketastings bis hin zum Online-Assessment-Center erlebt jeder Mensch im deutschsprachigen Raum die Digitalisierung hautnah.

Aber nicht nur im Privatleben, sondern auch für Unternehmen, hat die Digitalisierung noch einmal zusätzlich an Bedeutung gewonnen. Diesen Aspekt erleben meine Kollegen und ich jeden Tag bei Telefonaten mit Kunden, an der gesamten Auftragslage der Werbeagentur und im Privatleben an der Möglichkeitenoffensive der digitalen Plattformen. Der Grund ist sehr einfach erklärbar: Das Leben in der Öffentlichkeit fand aufgrund der Corona-Pandemie für eine lange Zeit nur sehr eingeschränkt statt. Digitalen Räumen, Angeboten und Hilfsmitteln gab dieser Aspekt einen zusätzlichen Aufschwung. Daher erfahren diese Angebote einen starken Zuspruch. Dies nutzen Unternehmen für sich: Sowohl beim Arzt als auch bei der Versicherungsberatung sind digitale Sprechstunden teilweise schon alltagstauglich. Und genau das setzen die Kunden in Zukunft voraus. Letztendlich ist die Einbindung von digitalen Medien in den Mediaplan zwingend für den Unternehmenserfolg, optimalerweise in angemessener Kombination mit klassischen Medien. Diese Tatsache unterstreicht eine Studie der Unternehmensberatung ESCH. The Brand Consultants GmbH: 60 % der Befragten Marketingverantwortlichen sagen: „Marken, die digital nicht stattfinden, finden nicht statt." Und 86 % der Studienteilnehmer denken, dass die Relevanz der digitalen Markenführung zunehmen wird (Vgl. Braunshausen 2021).

Eine Mediaplanung ohne die digitalen Kanäle mit einzubeziehen, ist daher für moderne Marketingkampagnen nicht zielführend. Oft beginnen aber schon ab der Zielgruppenbestimmung die Herausforderungen. Daher werden im folgenden Kapitel die einzelnen Schritte der digitalen Mediaplanung aufgezeigt.

Literatur

Braunshausen, Yannik (2021): Corona-Pandemie: Welche Rolle die Digitalisierung für Marketing und Markenführung spielt, Zugriff am 01.10.2021, URL: https://www.esch-brand. com/corona-pandemie-welche-rolle-die-digitalisierung-spielt-teil-4/

Brecht, Katharina (2018): Welche Printmedien in 10 Jahren noch relevant sein werden, Zugriff am 06.08.2021, URL: https://www.horizont.net/medien/nachrichten/journa lismus-der-zukunft-fast-jeder-zweite-glaubt-an-print-sterben-doch-168868

Colley, Russel H. (1967): Gezielter Werben, München: moderne industrie.

Dahm, Markus (2006): Grundlagen der Mensch-Computer-Interaktion, Hallbergmoos: Pearson Studium.

Drucker, Peter F. (1977): People and Performance: The Best of Peter Drucker on Management, New York: Harper's College Press.

Europäische Kommission (2001): Promoting a European framework for corporate social responsibility, Brüssel.

Freter, Hermann (2016): Identifikation und Analyse von Zielgruppen, in: Bruhn, Manfred (Hrsg.): Handbuch Strategische Kommunikation, Wiesbaden: SpringerGabler 2016, S. 311–325.

Fuchs, Wolfgang; Unger, Fritz (2014): Management der Marketing-Kommunikation, Berlin: SpringerGabler.

Gruner + Jahr Media Sales (Hrsg.) (2009): G+J Trendanalyse. LOHAS – Gesundheit und Nachhaltigkeit. Markt Zielgruppen Werbung Anbieter Trends, Hamburg: o. V.

Heiler, Florian et al. (2008): Sustainable Lifestyles. Nachhaltige Produkte, Dienstleistungen und Lebensstile hervorbringen: Analyse von Lebensstiltypologien, Gestaltungsmöglichkeiten für Unternehmen, Einbindung von Konsumenten und Stakeholdern, Schriftenreihe 01/2009, Wien: BMVIT.

Helmke, Stefan/**Scherberich**, John U./**Uebel**, Matthias (2016): LOHAS-Marketing: Strategie – Instrumente – Praxisbeispiele, Wiesbaden: Springer Fachmedien.

Heun, Thomas (2017): Werbung, Wiesbaden: SpringerGabler.

Hollerbach-Zenz, Karin (2012): Medienwährungen in Deutschland – heute und morgen, in: Medienwirtschaft, 9. Jg., Nr. 2/2012, S. 24–28.

Horváth, Péter (2009): Controlling, 11. Vollständig überarbeitete Ausgabe, München: Vahlen.

Hurzt, Simon (2020): Neues Jahr, neuer Skandal? Beitrag vom 07.02.2022 unter www.sueddeutsche.de/digital/cambridge-analytica-facebook-brittany-kaiser-1.4747594, aufgerufen 09.03.2022.

Homburg, Christian (2020): Marketing-Management, 7. Aufl., Wiesbaden: SpringerGabler.

Kleinjohann, Michael; Reinecke, Victoria (2020): Marketingkommunikation mit der Generation Z, Wiesbaden: Springer Gabler.

Koppelmann, Udo (1977): Beschaffungsmarketing, Berlin: SpringerGabler.

Köhn-Ladenburger, Christiane (2013): Marketing für LOHAS – Kommunikationskonzepte für anspruchsvolle Kunden, Wiesbaden: Springer Fachmedien.

Krohmer, Harley; Homburg, Christian (2009): Marketing Management: A Contemporary Perspective, New York: McGraw-Hill Education Ltd

Kreutzer, Ralf T. (2017): Praxisorientiertes Marketing, 5. Auflage, Berlin: SpringerGabler.

Lavidge, Robert J., Steiner, Gary A. (1961): A Model for Predictive Measurements of Advertising Effectiveness, Journal of Marketing 25. Jg., Nr. 6/1961, S. 59–62.

Link, Jörg; Weiser, Christoph (2011): Marketing-Controlling, 3. Vollständig überarbeitete und erweiterte Auflage, München: Vahlen.

Mangelsdorf, Martina (2014): *30 Minuten Generation Y*, Offenbach: GABAL.

Ottman, Jacquelyn A. (1998): Green Marketing Opportunity for Innovation, New York: NTC-McGraw- Hill.

Peattie, Ken; *Charter*, Martin (*2003*): Green marketing, in: The marketing book, 2003, S.687–712.

Pittner, Martin (2014): Strategische Kommunikation für LOHAS: Nachhaltigkeitsorientierte Dialoggruppen im Lebensmitteleinzelhandel, Wiesbaden: Springer Fachmedien.

PwC (Wulff) (2018): So tickt die Generation Z, Zugriff am 06.08.2021, URL: https://www.pwc.de/de/handel-und-konsumguter/so-tickt-die-generation-z.html

Reinecke, Sven; Janz, Simone (2007): Marketingcontrolling, Sicherstellung von Marketing-effektivität und –effizienz, Stuttgart: Kohlhammer.

Riedl, Rita (1992): *AIDA-Formel.* In: Ueding, Gert; Kalivoda, Gregor (Hrsg.): *Historisches Wörterbuch der Rhetorik,* Band 1, Tübingen: M. Niemeyer 1992, S. 285–295.

Sens, Bastian (2019): Das Online-Marketing-Cockpit – 8 Phasen einer erfolgreichen Online-Marketing-Strategie, Wiesbaden: Springer Gabler.

Scholz, Ulrich; Pastoors, Sven; Becker, Joachim H. (2015): Einführung in nachhaltiges Innovationsmanagement und die Grundlagen des Green Marketing, Marburg: Tectum Verlag.

Stierl, Marcel; Lüth, Arved (2015): Corporate Social Responsibility und Marketing: Eine Einführung in das Transformative Marketing in Theorie und Praxis, Wiesbaden: Springer Fachmedien.

Digitale Mediaplanung

3

Was Sie aus diesem Kapitel mitnehmen

- *Wie User für eine digitale Mediaplanung definiert werden können.*
- *Wie die passenden Online-Medien für die Mediaplanung ausgewählt werden.*
- *Was SEO bedeutet und welche Maßnahmen es umfasst.*
- *Wie Influencer-Marketing funktioniert.*
- *Wie der Erfolg der digitalen Mediaplanung kontrolliert werden kann.*

„Wenn der Wind der Veränderung weht, bauen die einen Mauern und die anderen Windmühlen." (Chinesisches Sprichwort)

Das Digitale Marketing – der Begriff selbst entstand Ende der 90er Jahre – durchlebt stetig Veränderungen. Die Vermarktung von Produkten und Dienstleistungen mittels digitaler Medien und Technologien schafft selbst neue Parameter – und das jeden Tag. Was als Kanal für Werbung durch das Internet begann, ist im Laufe der Jahre zu einer Idee geworden, die sich auf die Erfahrungen des Users in seiner Beziehung zu einer Marke konzentriert.

Aufgrund der stetigen Veränderungen der Parameter, Möglichkeiten und Controllinginstanzen ist es vor allem für Marken und Unternehmen selbst entscheidend, keine Mauern zu bauen, sondern die eigene Mediaplanung auch digital zu planen und somit den Wind der Veränderung effizient zu nutzen. Digitales Marketing wird häufig als Überbegriff für Marketing über computerbasierte Medien definiert und als Synonym für Online-Marketing genutzt. Zur digitalen Mediaplanung gehören Analyse, Planung, Durchführung sowie Steuerung und

© Der/die Autor(en), exklusiv lizenziert an Springer Fachmedien Wiesbaden GmbH, ein Teil von Springer Nature 2022
R. Strott, *Einführung in die Mediaplanung*, essentials,
https://doi.org/10.1007/978-3-658-37753-3_3

Kontrolle von Marketingaktivitäten über digitale Technologien. Diese Vorgehensweise ist gleichzusetzen mit der in Abschn. 2.5 vorgestellten Vorgehensweise in
der klassischen Mediaplanung.

Die folgenden Unterkapitel zeigen die einzelnen Aspekte auf, die digitale
Mediaplanung nachhaltig erfolgreich machen können. Da die Budget- und Zielbestimmung in der digitalen Mediaplanung gleich der Vorgehensweise in der
klassischen Mediaplanung ist, beschreibe ich in Kap. 3 lediglich Steps, die sich
unterscheiden, beginnend mit der Findung der passenden Zielgruppe.

3.1   User-Definition

In der Mediaplanung muss auch für digitale Medien eine spezifische Zielgruppe
ermittelt werden. Denn auch der Kern der digitalen Mediaplanung besteht darin,
den passenden Markt für das Produkt oder die Dienstleistung zu finden, um dort
anschließend die passenden Touchpoints für die zukünftigen oder bestehenden
Kunden inszenieren zu können (Vgl. Kleinjohann und Reinecke 2020, S. 1).

Die Definition der Zielgruppe unter Betrachtung der Milieu-Segmentierung
(siehe Abschn. 2.2) ist für den Bereich der digitalen Medien schlecht umsetzbar, da es sich um Medien handelt, die von verschiedenen Altersgruppen genutzt
werden. Denn im Bereich des digitalen Marketings sollten neben den persön-
lichen Eigenschaften, den demografischen Merkmalen und den Wünschen und
Bedürfnissen auch das Userverhalten mit in die Erstellung einer Zielgruppe einfließen. Aber auch hierfür hat das Sinus-Institut eine Lösung: In Kooperation
mit MB-Micromarketing hat SINUS die klassischen Sinus-Milieus in die digitale Welt übertragen. Das bedeutet, dass die Web-User ihrem Userverhalten
entsprechend einem Milieu zugeordnet werden und somit auch diese Art der
Zielgruppendefinition auf digital getrimmt werden konnte.

Um die bereits bekannten Milieus digital analysieren zu können, werden diese
in verschiedene Grundhaltungen zusammengefasst. Diese Grundhaltungen können mit dem Userverhalten gleichgesetzt werden, weil sie die Affinität der Person
zum Online-Medium zeigen und sich somit die Vorlieben aber auch Ängste des
Kundensegments ableiten lassen.

Die traditionelle Oberschicht findet sich in der selektiven Grundhaltung wieder. Diese nutzt Online-Medien selektiv, ist aber im Umgang mit Offline-Medien
geübt. Den Gegensatz hierzu bieten die Souveränen, die sowohl Neuorientierung
als auch einen hohen gesellschaftlichen Status verkörpern. Dieser Status grenzt
sie von den Spaßorientierten ab. Diese Gruppe zeichnet sich durch die Nutzung

von Entertainmentangeboten auf allen Kanälen. Im Gegensatz zu den Vorsichtigen, die sich an digitale Standards herantasten, nutzen die Spaßorientierten die Neuorientierung ohne hohen sozialen Status. Die Effizienten und Bemühten runden das Digitalschema des Sinus-Instituts ab. Die entsprechende Grafik kann auf der Internetseite des Sinus-Instituts eingesehen werden.

Weitere Möglichkeiten der Zielgruppendefinition für Online-Medien sind zum einen die Persona-Entwicklung (siehe Abschn. 2.2) und auch die Ergebnisse der Untersuchungen des rheingold-Instituts.

Ist schließlich eine passende Zielgruppe für das Produkt oder die Dienstleistung ermittelt, sollten die passenden Medien für entsprechende Marketingmaßnahmen ausgewählt werden. Diese sollten sowohl das Userverhalten der Zielgruppe als auch die Werte des Unternehmens selbst unterstreichen. Denn eine Positionierungskommunikation ohne die passenden Medien transportiert zwar die passenden Bedürfnis- oder Wunschbefriedigungen, wird aber von der externen Anspruchsgruppe nicht wahrgenommen.

3.2 Medienauswahl

Am 6. August 1991 präsentierte der Brite Tim Berners-Lee ein Modell der Vernetzung: das World Wide Web (Vgl. Scheu 2008, S. 16). Dieses Datum war der Startschuss für die Digitale Mediaplanung. Denn innerhalb weniger Jahre entwickelte sich WWW zum wichtigsten Dienst des Internets. Dank der Hybridrolle, die durch die Verbindung von massen- und individualkommunikativen Funktionen erreicht wird, bietet dieses Modell dem Endkunden eine Möglichkeit, mit der Marke zu interagieren und selbst zum Kommunikator zu werden (Vgl. Lauber in: Schorb/Anfang/Demmler (Hrsg.) 2009, S. 180). Die Hybridstellung des World Wide Webs (aufgrund der allgemeinen Verwendung im weiteren Verlauf „Internet" genannt) bietet somit aber auch auf Unternehmensseite zahlreiche Möglichkeiten, um die eigene Marke, das Unternehmen oder die Dienstleistung zu bewerben.

Die digitale Welt eröffnet Möglichkeiten – nicht nur bei der Werbung, sondern schon bei der Analyse der Userdaten. Daher können Online-Werbemaßnahmen passgenau und individuell ausgespielt werden. Wenn ein User beispielsweise eine Suche zur Thematik eines Reiselandes unternommen hat, sollte er beim nächsten Internetbesuch, beispielsweise in Social Media, Vorschläge für Hotels oder Ferienwohnungen in der gesuchten Gegend angezeigt bekommen. Das Programmatic Advertising (Programmatische Ausspielung der Werbung) ermöglicht daher die Platzierung aus den Internetseiten, auf denen sich der User aufhält. Denn letztendlich geht es darum, den gewünschten Konsumenten mit der passenden Werbebotschaft zur richtigen Zeit zu erreichen.

Dieser Aspekt eröffnet der Positionskommunikation, die im vorherigen Kapitel durch die Entwicklung einer Markenidentität und der Beschreibung des zu erlangenden Markenimages, das die Marke vertreten möchte, beschrieben wurde, neue Möglichkeiten.

Auch im Online-Marketing besteht die Hauptaufgabe in der Darstellung des Unternehmens, der Marke oder selbst der Produkte, die für eine entsprechende Zielgruppe attraktiv ist und somit den Abverkauf von Produkten und Dienstleistungen fördert. Synonyme von Online-Marketing sind Internet-Marketing, Webmarketing oder Digital Marketing. Bei der Wahl der passenden Online-Medienkanäle für die Mediaplanung ist auf das Ziel der Strategie und somit einer jeweiligen Kampagne zu achten. Alpar unterscheidet hier zum einen Kundenakquisitionskanäle und zum anderen dazu orthogonale Bereiche, die gleichzeitig alle Kundenakquisitionskanäle betreffen (siehe Abb. 3.1) (Vgl. Alpar et al. 2015, S. 1 f.).

Abb. 3.1 Digitale Marketing-Kanäle, eigene Darstellung in Anlehnung an Alpar et al. (2015, S. 2)

Durch Kundenakquisitionskanäle können Kunden auf verschiedene Weise angesprochen werden. Diese Ansprache hat natürlich zum Ziel, den Kunden als User auf die unternehmenseigene Website zu führen. Somit wecken diese Kanäle den Bedarf beim Kunden. Orthogonale Disziplinen hingegen erkennen die Bedürfnisse und decken den Bedarf der Kunden (Vgl. Alpar et al. 2015, S. 1 f.).

Es gibt verschieden geeignete Online-Werbeformen für den jeweiligen Marketingzweck von Produkten, Dienstleistungen und Marken:

1. Unternehmens- oder Produkt-Website
2. Social Media Advertising
3. Bannerwerbung (Display Marketing)
4. E-Mail-Werbung
5. SEO
6. SEA

Selbstverständlich gibt es zahlreiche weitere Werbemöglichkeiten in der Online-Welt. Aufgrund der Vereinfachung der Darstellungen wird auf diese aber im weiteren Verlauf verzichtet.

Unternehmens- oder Produktwebsite
Aufgrund der Vielzahl an Möglichkeiten der Gestaltung ist das primäre Ziel der Website die Darstellung der Leistung, individuell umsetzbar. Eine genaue Vorgabe, die eine Unternehmens- oder Produktwebsite aussehen sollte, muss daher einer genauen einzelnen Betrachtung unterzogen werden. Denn im Gegensatz zum Social Media Advertising sind Unternehmenswebsites aktiv aufzusuchen und nicht bereits in Social-Media-Kanälen in Kundennähe vorhanden.

Social Media
Social Media hat sich in den letzten Jahren zu einem der interessantesten Online-Medienkanäle entwickelt. Sowohl auf Facebook als auch auf anderen Plattformen wie Xing, LinkedIn, YouTube oder Twitter kann Social Media Advertising (SMA) betrieben werden. Der große Vorteil dieser Kanäle ist die individualisierte Ausspielung der Werbung: Der Algorithmus erkennt, welche Vorlieben der User hat, wo er sich aufhält und was er in der letzten Zeit geliked, geshared oder sich angesehen hat.

E-Mail-Marketing
Das E-Mail-Marketing, also das Versenden von Newslettern, wird vor allem im Bestandskundenmanagement genutzt. Die Gewinnung von Neukunden gestaltet sich aufgrund der verschiedenen Gesetzmäßigkeiten zur Erlangung von E-Mail-Adressen hingegen eher schwierig. Als Lösung für diese Herausforderungen hat sich die Praxis Marketingmaßnahmen überlegt, die der Sammlung von E-Mail-Adressen (Lead-Generierung) dient, um in Zukunft auch Neukunden neben den Bestandskunden via E-Mail-Marketing kontaktieren zu können. Ein Lead ist eine Person, die auf irgendeine Art und Weise Interesse an einem Produkt oder einer Dienstleistung eines Unternehmens gezeigt hat. Im Rahmen der Lead-Generierung versuchen Unternehmen, potenzielle Kunden und bislang unbekannte Personen auf die eigenen Angebote (Gutscheine, Blogbeiträge etc.) aufmerksam zu machen, damit dieses Interesse an den Produkten oder Services bekunden und somit zu Leads konvertieren.

SEM (Suchmaschinenmarketing)
Das Suchmaschinenmarketing (SEM), welches aus SEO (Search Engine Optimization) und SEA (Search Engine Adversiting) besteht, wird in Europa mit dem Marketing über die Suchmaschine Google gleichgesetzt. Dieser Aspekt zeigt sich im Marktanteil, der bei Google bei weit über 90 % liegt (Vgl. Alpar et al. 2015, S. 10). Daher konzentriert sich das Buch im Folgenden auch auf die Marketingmöglichkeiten der Suchmaschine Google und lässt alternative Suchmaschinen wie BING, Baidoo oder Yandex außer Acht. Das Prinzip der Suchmaschine ist leicht erklärt: Der User stellt eine Frage, indem er verschiedene Keywords in das Suchfeld von Google eingibt. Die Suchmaschine gibt daraufhin die Antwort in Form von Websites (SEO) oder Anzeigen (SEA), die der Anfrage des Users entsprechen. Aus dieser Übersicht wählt der User anschließend das für ihn passendste Ergebnis aus. Eine der Besonderheiten bei dieser Art des Marketings stellen die extrem niedrigen Streuverluste dar. Denn wenn eine Website oder eine Anzeige eines Unternehmens genau auf die Frage des Users antworten kann, passen Nachfrage und Angebot perfekt zusammen. Die einzige Herausforderung ist das Herausstechen unter einer Vielzahl an Antworten, die dem User gegeben werden.

SEO (Search Engine Optimization)
Die Suchmaschinen-Optimierung (SEO) selbst umfasst neben den Onpage-Maßnahmen, die sich auf der eigenen Website abspielen auch Offpage-Maßnahmen, die jenseits der eigenen Website der Suchmaschinenauffindbarkeit dienen. Da SEO verschiedener Prozessschritte bedarf, wird darauf in einem Exkurs in Abschn. 3.3 eingegangen.

SEA (Search Engine Advertising)
Marketing für Suchmaschinen betrachtet die Optimierung der Websites selbst (Onpage) und dazu passender Offpage-Maßnahmen, die im Begriff SEO (Seach Engine Optimization) zusammengefasst werden, aber auch Anzeigen, die bei Google geschaltet werden können (SEA). SEA umfasst die Anzeigen und damit bezahlten Ergebnisse, die in der rechten schmalen Spalte, häufig aber auch in der zentralen Spalte auf den oberen drei Plätzen über den organischen Suchergebnissen zu finden sind. Diese Darstellung der Unternehmenswebsite ist nicht durch Optimierung dieser entstanden, sondern basiert auf einem Bezahlsystem für die Darstellung. Die Reihenfolge, wie die Websites in dem SEA-Bereich dargestellt werden, wird sowohl durch die Zahlungsbereitschaft der Werbetreibenden als auch durch den Qualitätsfaktor, der die Qualität des Ergebnisses, das der User auf dieser Website findet, beschreibt, und die Nutzung von Anzeigenerweiterungen definiert (Vgl. Alpar et al. 2015, S. 13).

Vergleichen lassen sich die verschiedenen Marketingmöglichkeiten im Online-Bereich auf Basis des Bedarfs: Während die einen Kanäle ihre Stärke im „Wecken" eines Bedarfs haben, setzen die anderen ihren Schwerpunkt auf das „Decken" des Bedarfs. Zudem besteht die Möglichkeit, die Werbemaßnahmen anhand des Kaufprozessschrittes und der Ziele des Unternehmens zu kategorisieren (Vgl. Alpar et al. 2015, S. 26). Die Abb. 3.2 in Anlehnung an die Darstellung der Marketing-Prozess-Kanäle von Alpar zeigt die Verteilung der Medien und bildet somit eine Entscheidungsgrundlage für die Wahl der Medien für die Mediaplanung.

Folglich dient die Website sowohl der Weckung der Aufmerksamkeit als auch der Deckung des Informationsbedarfs. Social-Media-Marketing hingegen eignet sich, um den Bedarf zu wecken – und das ohne große Streuverluste. Das gilt auch für Bannerwerbung und E-Mail-Marketing. Ausschließlich SEO kann sowohl Bedarf wecken als auch decken und begleitet den User daher über die komplette Online-Customer-Journey.

3.3 Exkurs: SEO

Die wortwörtliche Übersetzung von SEO (Search Engine Optimization) bedeutet die Optimierung von Suchmaschinen. Leider ist diese Übersetzung bei dem Einsatz dieses Tools in der Praxis nicht zielführend. Denn dieses Tool wird genutzt, um die Optimierung der Platzierung von Websites in Suchmaschinen zu beschreiben. Als Suchmaschine wird in den meisten Fällen Google als Maß genommen, wie bereits im vorherigen Kapitel beschrieben wurde. Das Ziel der SEO-Arbeit

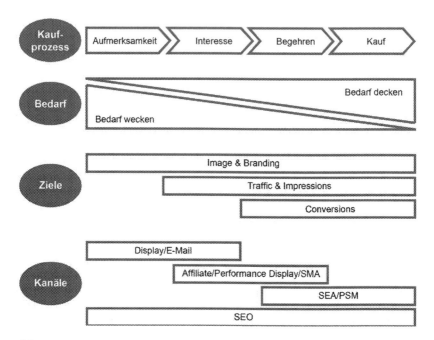

Abb. 3.2 Marketing-Prozess-Kanäle, eigene Darstellung in Anlehnung an Alpar et al. (2015, S. 27)

ist es, bestimmte Faktoren einer Website so zu beeinflussen, dass diese besonders relevant für den Algorithmus von Google in Hinsicht auf die Suche spezieller Begriffe sind. Zu beachten ist, dass ausschließlich organische, das bedeutet unbezahlte, Suchergebnisse bei SEO betrachtet werden und bezahlte Suchergebnisse, folglich Anzeigen (SEA), außer Acht gelassen werden.

Da die Nutzung einer Suchmaschine sehr einfach ist, wird sie im Großteil der Welt aktiv genutzt. Lediglich wenige Buchstaben müssen in das Suchfeld eingegeben werden, um in wenigen Sekunden relevante Ergebnisse angezeigt zu bekommen. Der Algorithmus von Google lässt zwar Spekulationen zu, die genaue Art der Analyse ist jedoch nicht genau zu erfassen.

Erfahrungen aus der Praxis haben gezeigt, dass auf der technischen Seite zusätzlich sowohl die Ladezeiten der Webseiten, die gewählten ALT-Attribute für Bilder und die Meta-Tags der Seiten als auch die Größe der gewählten Medien entscheidend für das Ranking sind. Auf der inhaltlichen Seite ist die Nutzung von Keywords (Suchbegriffen) erfahrungsgemäß entscheidend. Alle Quellen, die untersucht wurden, zeigen, dass eine Website ausschließlich für eine geringe Keywordanzahl optimiert werden kann. Daher können nicht mehrere Themen auf einer Website behandelt werden, die nichts miteinander zu tun haben. Es können, beispielsweise bei einer Unternehmenswebsite zum Thema Gesundheit, mehrere unterschiedliche Leistungen auf jeweils einer oder mehrerer Unterseiten beschrieben werden. Themen, die aber mit dem Thema Gesundheit oder dem Unternehmen selbst nichts zu tun haben, sollten nicht beschrieben werden.

Eine Analyse der Keywords bildet die Basis für eine erfolgreiche Suchmaschinenoptimierung und zählt daher zur Konzeption im SEO-Bereich. Die Analyse ist wichtig, da versucht werden muss, alle Suchanfragen mit den geeigneten Suchbegriffen abzufangen und die Unternehmenswebsite bei den organischen Suchanfragen weit oben zu platzieren. Eine Keyword-Recherche gibt zeitgleich eine Antwort dafür, wonach die Zielgruppe wirklich sucht. Ein weiterer Faktor ist die Betrachtung des aktuellen Rankings der eigenen Website und das daraus resultierende Potenzial. Zudem sollte abgewogen werden, welche Inhalte bereits existieren und wie hoch der Aufwand beim Aufbau entsprechenden Contents ist. Der Kaufprozess entscheidet zudem über die Definition der Keywords. Dieser Prozess kann mithilfe des AIDA-Modells (Attention, Interest, Desire, Action) betrachtet werden. In diesem Zusammenhang ist es wichtig zu erwähnen, dass vor allem eine Strategie für Unternehmen nachhaltig zum Erfolg führt, die sämtliche Keyword-Arten beinhaltet. Zudem müssen der Zeitplan und das eingesetzte Budget für die Maßnahmen in die Auswahl der passenden Keywords mit einfließen. Neben den beschriebenen anbieter- und zielgruppenspezifischen Erfolgsfaktoren bei der Auswahl der Keywords sind auch die wettbewerbsbezogenen Faktoren nicht zu vernachlässigen. Diese Faktoren teilen sich in zwei verschiedene Kategorien auf: Wettbewerb mit den Websites der Konkurrenz und Wettbewerb der Google-Ergebnisse (Alpar et al. 2015, S. 133 ff.) (Abb. 3.3).

Sind die passenden Keywords gefunden, beginnt die Optimierung der Website. Diese Optimierung selbst gliedert sich, wie bereits beschrieben, in Onpage- und Offpagemaßnahmen.

Onpage-Maßnahmen

Onpage-Maßnahmen im Bereich SEO beschreiben alle Maßnahmen, die an der Website selbst durchgeführt werden. Diese wiederum teilen sich in technische und contentspezifische Optimierungen auf. Bezüglich der technischen Optimierungen sollten laut Sens folgende Punkte näher betrachtet werden:

1. Die Ladezeit der Website sollte so gering wie möglich sein.
2. Die einzelnen Elemente der Website sollten semantisch ausgezeichnet sein.

Abb. 3.3 Keywordauswahl, eigene Darstellung in Anlehnung an Alpar et al. (2015, S. 133)

3. Die Website sollte indexiert werden können.
4. Die einzelnen Webseiten sollten möglichst viele Weiterleitungen (interne Ver-
   linkungen) aufweisen.
5. Die URLs sollten Keywords enthalten und so kurz wie möglich sein.
6. Die Website sollte ein SSL-Zertifikat besitzen.
7. Die Bilder sollten mit ALT-Attributen verknüpft sein.
8. Jede Webseite sollte einen eigenen META-Tag enthalten.
   (Vgl. Sens 2020, S. 78 ff.)

Der inhaltliche Aspekt ist ein Prozess, der fortwährend betreut werden muss. In der
Praxis ist es stets ein diskussionsreiches Thema, inwieweit die Inhalte für Google
optimiert werden können, ohne dass sie unleserlich wirken. Denn es ist schon eine
längere Zeit so, dass nicht mehr nur die Anzahl der jeweiligen Keywords, sondern

auch der Kontext und der Aspekt, ob die Inhalte die Besucher binden oder zum Abspringen bringen, von Google analysiert werden.

Um den Content so einzigartig wie möglich zu gestalten, sollten die User selbst in die Contenterstellung miteinbezogen werden. Dieser nutzergenerierte Content kann sowohl Kundenbewertungen, Blogkommentare oder Beiträge in Foren umfassen. Neben der Einzigartigkeit ist die Aktualität des Contents entscheidend. Obwohl Google selbst die Aktualität nicht zu den Qualitätsfaktoren von Content zählt, hat die Praxis gezeigt, dass eine regelmäßige Bearbeitung der Texte und Ergänzungen bestehender Inhalte das Ranking der Website positiv beeinflussen können.

Offpage-Maßnahmen

Offpage-Maßnahmen im SEO-Bereich beschreiben Maßnahmen, die nicht auf der eigenen Website und somit unter der eigenen Domain durchgeführt werden. Hierunter fallen alle Faktoren von der externen Seite, die die Position einer Website in den Suchergebnissen einer Suchmaschine beeinflussen und im besten Fall verbessern. Hierzu zählen Maßnahmen wie Backlinks aus Foren, Social Signals aus Social-Media-Kanälen oder die Kraft der eigenen Marke.

Eines dieser Social Signals kann über Influencer-Marketing gesetzt werden. Daher gehe ich im folgenden Exkurs auf diese Thematik ein.

3.4   Exkurs: Influencer-Marketing

Die sozialen Medien spielen im Bereich der digitalen Mediaplanung eine wichtige Rolle. Über die sozialen Medien können nicht nur Kunden, sondern beispielsweise auch neue Mitarbeiter angesprochen werden. Der Grund hierfür liegt auf der Hand: Das Schalten von Werbung in den sozialen Netzwerken ermöglicht eine direkte Ansprache der gewünschten Zielgruppe. Doch nicht nur die Zielgruppengenauigkeit, sondern auch die hohe Frequentierung der sozialen Medien und die gleichzeitig hohe Reichweite tragen zum Erfolg dieser Medienart bei.

Das Influencer-Marketing ist eine der Werbeformen auf den sozialen Medien. Doch die Funktionsweise dieser Werbeform ist nicht neu: Schon seit langer Zeit arbeiten zahlreiche Unternehmen mit Prominenten und Meinungsmachern zusammen, um das eigene Produkt oder die Dienstleistung zu bewerben. Der Unterschied zur Zusammenarbeit mit Influencern ist der hohe Einfluss dieser Personen auf eine breite Zielgruppe und die hohe Reichweite in den sozialen Medien. Es stehen somit vielfältigere und erfolgversprechendere Möglichkeiten als in den klassischen Werbekanälen zur Verfügung. Eicher beschreibt das

Influencer-Marketing wie folgt: „Influencer-Marketing ist eine Marketingdiszi-
plin, die gezielt Meinungsmacher in die Kommunikation einbindet. Aufgrund
ihres Einflusses auf Entscheidungen potenzieller Kunden gelten Beurteilungen
und Bewertungen der Influencer zu Produkten, Dienstleistungen, Marken und
Unternehmen – online wie offline – als wichtiger Erfolgsfaktor im Marketing-
mix." (Eicher 2015, o. S.)

Influencer als Begrifflichkeit kommt aus dem englischsprachigem Raum und
kann mit folgenden Worten ins Deutsche übersetzt werden: beeinflussen und
prägen. Folglich kann die Bedeutung des Influencers als Persönlichkeit, die
Mitmenschen beeinflusst, beschrieben werden. Hierbei nimmt der Influencer
gegenüber seinen Followern oder Fans die Rolle des Experten eines bestimmten Themengebiets ein und kann somit die Meinung dieser Personen führen oder
bilden. Es wird zwischen drei verschiedenen Influencer-Typen unterschieden:

- Markenliebhaber: Diese Influencer haben die Marke schon vor Längerem ken-
  nengelernt und bereits eine Bindung zu dieser aufgebaut. Die Beziehung zur
  Marke ist sehr positiv.
- Markenkritiker: Diese Influencer haben mit der Marke negative Erfahrungen
  gemacht und äußern diese offen. Daher stehen sie der Marke selbst sehr
  kritisch gegenüber.
- Markenexperten: Diese Influencer kennen sich in dem Themengebiet der
  Marke sehr gut aus und können somit in Bezug auf die Marke mit ihrem
  Fachwissen glänzen. Sie stehen der Marke neutral gegenüber.

Als Grundpfeiler für die Auswahl des passenden Influencers haben wir in der
Werbeagentur verschiedene Aspekte definiert, die einen passenden Influencer für
das Produkt, die Marke oder das Unternehmen beschreiben:

- Erreicht die Zielgruppe: Die Zielgruppen des Unternehmens und des Influencers sollten weitestgehend gleich sein.
- Passt zur Unternehmensphilosophie: Der Influencer muss die gleichen Werte
  wie das Unternehmen vertreten. Besteht hierbei eine zu große Differenz ist die
  Wirksamkeit der Werbemaßnahmen nicht gegeben.
- Wirkt glaubwürdig: Wenn Werbung zu direkt erkennbar im Influencer-
  Marketing ist, kann die Glaubwürdigkeit getrübt werden. Denn Influencer
  genießen das hohe Vertrauen der Follower und punkten mit Wissen und
  passenden „Empfehlungen".

- Hat aktive Follower: Nur Influencer mit Followern, die auf die Beiträge reagieren, und somit auch Produkte konsumieren, die vom Influencer beworben
werden, sind effektive Werbemultiplikatoren.

Wir sehen in der Praxis, dass Influencer-Marketing weniger als Werbung wahrgenommen wird. Der Grund ist einfach erklärt: Der Follower/potenzielle Kunde
nimmt die Werbebotschaft nicht als Werbung eines Unternehmens, sondern als
Information eines Influencers wahr. Daher wirkt die Werbung auch nicht als
Werbung, sondern eher als Empfehlung. Klassische Werbung wirkt in vielen Fällen als störend und aufdringlich. Daher wird sie von vielen Menschen bewusst
geblockt und ignoriert. Bei Influencern ist es hingegen so, dass die Inhalte
bewusst wahrgenommen werden, weil sie explizit abgerufen werden. Daher werden die „Empfehlungen" als glaubwürdig erachtet. Hinzu kommt eine emotionale
Bindung, die viele Follower zu ihren Influencern aufgebaut haben, weil diese Teil
ihres Alltags geworden sind. Schlussendlich können Unternehmen diese Faktoren nutzen, um das Image ihrer Marke gezielt durch die Zusammenarbeit mit
Influencern aufzubauen oder zu optimieren.

Natürlich hat auch diese Werbeform Nachteile, die wir in der Praxis beobachten: Der ausgewählte Influencer muss zu der Zielgruppe des Produktes oder der
Dienstleistung passen. Auch die Botschaft des Influencers muss emotional passen
und inhaltlich die essentiellen Faktoren der Marke kommunizieren. Der Preis ist
zudem ein Nachteil dieser Werbeform. Je populärer und reichweitenstärker der
Influencer ist, desto teurer sind die verschiedenen Angebote der Meinungsmacher.

3.5 Media-Controlling mithilfe gängiger Tools

Wie die vorangegangenen Kapitel gezeigt haben, ist die Mediaplanung in den
letzten Jahren und durch die Digitalisierung immer komplexer geworden. Um mit
dieser Komplexität mithalten zu können und dennoch erfolgreich zu sein, ist es
nötig, die Marketingmaßnahmen zu kontrollieren. Diese Aufgabe übernimmt auch
im digitalen Bereich das Media-Controlling. Es überprüft die Effektivität und
Effizienz der Marketingmaßnahmen. (Vgl. Reinecke und Janz 2007, S. 38 ff.).
Die Effektivität findet die Antwort auf die Frage, ob eine Maßnahme wirksam
ist und die Kommunikationsziele mit ihr erreicht werden können. Die Effizienz
hingegen zeigt, wie wirtschaftlich sinnvoll die Maßnahmen sind.

Das Controlling selbst unterteilt sich in das operative (Effizienz) und das
strategische (Effektivität) Media-Controlling (siehe Abschn. 2.6). Das operative
Controlling beinhaltet die Funktionsbereiche Planung und Information. Somit

werden sowohl Vertrieb als auch Marketing betrachtet. Um eine Erkenntnis in diesem Controllingbereich erlangen zu können, werden „harte Faktoren" wie beispielsweise Kennzahlen und Gewinn für eine kurzfristige Periode betrachtet. Der strategische Bereich obliegt den Funktionen Koordination und Kontrolle. Somit werden das Produkt, der Preis und die Distribution betrachtet. „Softe Faktoren" wie Kundenzufriedenheit und Image werden langfristig untersucht. (Vgl. Weis 2012, S. 249).

Weis definiert die Unterschiede des operativen und strategischen Media-Controllings anhand der Instrumente mit einer beispielhaften Aufzählung:

1. Operative:
   a. Kostenrechnungen
   b. Deckungsbeitragsanalyse
   c. Break-even-Analyse
   d. Umsatzanalyse
   e. ABC-Analyse
   f. Budgetierung
   g. Kundenzufriedenheitsanalyse
2. Strategische:
   a. Stärken-Schwächen-Analyse
   b. Markenbewertungsmodelle
   c. Branchenanalyse
   d. Positionierungsanalyse
   e. Scoringmodelle
   f. Portfolioanalyse (Vgl. Weis 2012, S. 250)

Eine der größten Vorteile des Online-Marketings gegenüber dem klassischen Marketing ist die Präzision der Messergebnisse. Dadurch ergibt sich zum Beispiel in der Mediaplanung die Möglichkeit, noch während der Ausspielung der Werbung Veränderungen hinsichtlich verschiedener Aspekte durchzuführen.

Insbesondere die Click Through Rate und die Conversion Rate sind als KPIs für das Media-Controlling einer Werbemaßnahme herauszustellen:

- **Click Through Rate (CTR)**: Diese KPI gibt das Verhältnis der Impressionen zu den Klicks an. Das beantwortet die Frage, wie viele User die Werbung angezeigt bekommen und anschließend auch darauf geklickt haben.
- **Conversion Rate:** Diese KPI zeigt an, wie viele User eine Aktion nach der Ansicht einer Online-Werbeanzeige durchgeführt haben. Beispiele für diese KPI sind beispielsweise die Anmeldung für einen Newsletter oder

auch der Besuch der unternehmenseigenen Website nach der Ansicht eines Online-Banners.

Welches Instrument das passende für das Media-Controlling der Marketingmaß-nahmen ist, definiert sich durch die Art des Unternehmens, das Produkt oder die Dienstleistung selbst und die gewählten Medien. Das Controlling kann bei der digitalen Transformation des Marketings einen wertvollen Beitrag leisten, wenn man es entsprechend einsetzt.

Literatur

Alpar, Andre; Koczy, Markus; Metzen, Maik (2015): SEO – Strategie, Taktik und Technik, Wiesbaden: Springer Gabler.

Eicher, David (2015): Influencer Marketing. Artikel von DIGITALWIKI.DE, Zugriff am 15.09.2021, URL: http://www.digitalwiki.de/influencer-marketing.

Kleinjohann, Michael; Reinecke, Victoria (2020): Marketingkommunikation mit der Gene-ration Z, Wiesbaden: Springer Gabler.

Lauber, Achim (2009): Massenmedien, in: Schorb/Anfang/Demmler (Hrsg.), Grundbegriffe Medienpädagogik – Praxis, München: kopaed.

Reinecke, Sven; Janz, Simone (2007): Marketingcontrolling, Sicherstellung von Marketing-effektivität und -effizienz, Stuttgart: Kohlhammer.

Scheu, Nina (2008): Kids im Netz, Bern: Hep Verlag AG.

Sens, Bastian (2020): Das SEO-Cockpit – 8 Phasen einer erfolgreichen SEO-Strategie für bessere Google-Positionen, Wiesbaden: Springer Gabler.

Weis, Hans Christian (2012): Marketing, 16. Auflage, Herne: Kiehl 2012.

Fazit 4

„Marketing ist die Kunst, Chancen aufzuspüren, sie zu entwickeln und davon zu profitieren." (Zitat von Philip Kotler).

Ziel dieses Essentials ist die Darstellung der klassischen und digitalen Mediaplanung als kompakte Übersicht für Marketingabteilungen von KMUs oder auch für Studierende, die gerade in die Welt des Marketings und somit des Berufslebens in der Mediensphäre einsteigen. Es wurde zuerst die klassische Mediaplanung mit den Schritten der Budget- und Zielbestimmung analysiert. Anschließend folgten die Schritte der Zielgruppendefinition, ein Exkurs in das Green Marketing, die Darstellung der Werbewirkung mit Medienauswahl und anschließend der Mediaplan selbst mit Controlling-Maßnahmen. Das letzte Unterkapitel zeigt die Grenzen der klassischen Mediaplanung. Das dritte Kapitel beleuchtete die Unterschiede einer digitalen Mediaplanung zur klassischen Mediaplanung: von der User-Definition und Medienauswahl, einem Exkurs in die Suchmaschinenoptimierung und in das Influencer-Marketing, bis hin zum Controlling.

Die klassische Mediaplanung fokussiert sich auf den Bereich Paid Media. Hierzu zählen beispielsweise Fernsehwerbung, Anzeigenwerbung aber auch Radiowerbung. Die moderne Mediaplanung hingegen zeigt unter der Flagge der Digitalisierung drei weitere Medientypen: Owned Media, Shared Media und Earned Media. Beispiele für Owned Media sind eigene Internetseiten oder Social-Media-Kanäle. Beispiele für Earned Media sind Empfehlungen in Blogs, Erfahrungsberichte in YouTube-Videos oder Retweets bei Twitter. Geteilte Social-Media-Posts fallen unter die Kategorie Shared Media.

R. Strott, *Einführung in die Mediaplanung*, essentials, https://doi.org/10.1007/978-3-658-37753-3_4

Online-Medien rücken zudem die personalisierte Kundenansprache in den Fokus. Dabei wird berücksichtigt, dass sich Internetnutzer von passiven Konsumenten hin zu aktiven Prosumenten entwickelt haben, die den wechselseitigen Austausch suchen. Eine digitale Mediaplanung scheint daher unerlässlich zu sein. Dennoch ist das klassische Marketing auch heutzutage nicht wegzudenken. Wie Urbach beschreibt, ist ein „[…] Verschmelzen beider Welten zu beobachten, in der eine klare Unterscheidung zwischen beiden Welten hinfällig wird." (Urbach 2020, S. 17).

Die Welten der klassischen und der digitalen Mediaplanung zeigen, dass beide Betrachtungen für ein holistisches Marketing herangezogen und intelligent miteinander verknüpft werden müssen. Marketing kann dann erfolgreich sein, wenn es sich auf den für die Zielgruppe relevanten Kanälen, zum passenden Zeitpunkt, am passenden Ort und mit der passenden Botschaft präsentiert. Daher gilt es, die Kunst des Marketings für die entsprechenden Zielgruppen erlebbar zu machen. Klingt einfach, bedarf aber einer intensiven Mediaplanung – klassisch und digital.

Literatur

Urbach, Nils (2020): Marketing im Zeitalter der Digitalisierung: Chancen und Herausforderungen durch digitale Innovationen (essentials), Wiesbaden: SpringerGabler.

Was Sie aus diesem *essential* mitnehmen können

- Klassische und digitale Mediaplanung können nicht gesondert voneinander betrachtet werden und bedürfen einer holistischen Betrachtungsweise.
- Marketing kann dann erfolgreich sein, wenn es sich auf den für die Zielgruppe relevanten Kanälen, zum passenden Zeitpunkt, am passenden Ort und mit der passenden Botschaft präsentiert.
- Eine digitale Mediaplanung ist in Zeiten der Digitalisierung unerlässlich, da sich Internetnutzer von passiven Konsumenten hin zu aktiven Prosumenten entwickelt haben, die den wechselseitigen Austausch suchen.

Printed in the United States
by Baker & Taylor Publisher Services